鄒濬智・編著

警察先生，就是這個人！

從歷代名臣智慧看現代治安管理

推薦語

編著者鄒濬智與助編王俊元各有擅場，本書將兩人的專長巧妙的結合，以古鑑今，用歷史人物的智謀事蹟檢討當代警察政策，頗具說服力。

中央警察大學警政管理學院院長
朱金池教授

自海內外華語教學乃至國內大學人文教育，文史哲領域的教授對中華史料的編輯與教材化用力者甚少。作者不厭其煩，編寫了既可作為大專教科書，又能被一般民眾輕易閱讀的一系列古代司法作品，提供教育界多樣的選擇。

慈濟大學主任祕書
何昆益副教授

一般人都對國學有個誤會，以為學習國學只是滿足對中華文化的好奇心。其實國學一直都是應用性強的學科，端看個人的理解能力。本書作者長期耕耘「國學之當代應用」，相關作品對當代人很有這方面的啟迪作用。

雲林科技大學漢學應用研究所所長

翁敏修副教授

取古代人之謀略，結合現今商業、軍事行為進行討論的很多；但取古代人具體之政策，結合現今文化制度進行討論的卻很少。本書做了一次好的示範！

香港恆生大學文化傳習研究所副所長

袁國華副教授

作者長期進行人文與警學跨領域連結。本書寓教於樂，讀之既能懂得古人政治智慧，又能曉得今日警察管理，可謂一舉兩得。

一貫道天皇學院學務長

郭妍伶助理教授

「歷史警察學」是一個新興領域，主要指對歷史警察文獻的整理與詮釋。能夠將古代著名政治人物的政策拿來對比今時警政管理作法，為這個新領域再開拓了一個新的可能。

中興大學人文社會科學研究中心研發組組長
解昆樺副教授

寫在前面的話

筆者近一年餘常讀中國歷代名臣傳記，頗感其殫思竭慮，建功立業，為民興利。名臣中又有頗多不論當時今日，皆受讚揚、萬古流芳的優秀政治人物。這些絕無負評的政治人物，在位時既能興國利民，又能在卸任後得到掌握權力者的尊重跟百姓的懷念，其為人處世、處理政事必有可以效法之處。

為此，筆者特別從中國歷代文獻中擇取可茲效法的名臣事跡，結合當代治安人員、警政單位的相似做法，進行古今合證。全書共分三部：第一部言及優秀的古代政治人物以及今日治安人員都應該具備的素養；第二部言及優秀的古代政治人物以及今日治安人員都應該具備的組織管理能力；第三部配對討論古代政治人物解決問題的智謀在今日治安工作中的運用。

筆者以為本書的寫作與出版，至少能發揮三個好的作用：一是讓讀者可以透過今日治安、警政事例，重新體會古代名臣的政治智慧；二是在梳理古代名臣的智慧時，同步檢討今日治安、警政事務是否仍有可以精進之處；三是本書的出版與推廣，可以提升今日社會大眾以及治安人員的人文素養，庶幾增進人民守法與司法人員的執法品質。舉一事而有三益處，豈不美哉！

然而在蒐集警政及治安事例時，筆者遇到了一些困難，偶然向本校通識中心王俊元主任提起。王主任十分熱心，除了允諾幫忙協調他所指導的學生提供各自的辦案經驗外，另外還商請刑事局兩岸科蘇信雄股長代為查詢局內資料，以為本人寫作之資。同時王主任特別撥冗指導筆者有關警政的實務做法與諸多學理。王主任及其學生、蘇股長所提供的資料，為本書增色不少。筆者寫作若有引用，皆予以一一註明，以此誌謝。另外還必須要說明的是，為免洩漏個資以及機敏的辦案細節，書中有的故事予以省略，有的人名、地名等則採用簡略稱謂，以為保全。

筆者與各領域學有專精的學者合作，從事古代司法、軍事等文獻的整理，目的在推廣相關文獻的閱讀、間接促進治安的改善；同時提醒今人，古書皆能今用，萬不能捐棄。累積至今，已出版有九本著作。本書作為本系列的最後一本——第「十」本，勉強算是「十全」；於此，筆者對自己、對社會應有所交待了。

二〇一九年盛夏

鄒濬智序於龜山誠園研究大樓

目次

第二部　歷代名臣智慧與治安組織管理

第三部　歷代名臣智謀與犯罪偵防

第一部

歷代名臣智慧與治安人員素質

孔光善經學有仁慈，依法脫民死罪

一 名臣生平

孔光（B.C.65-5），西漢儒臣，曲阜（今山東曲阜）人，孔子第十四世孫。好學通儒，明經習史，尤喜《尚書》。成帝時舉為博士。遷仆射、尚書令。數年後改任光祿大夫、給事中、御史大夫等職，性直爽，不阿權勢。漢哀帝即位，孔光為丞相，二年，封博山侯（參考自《中國歷代宰相大詞典》）。

一 名臣事跡

孔光年輕時喜好學習經學，年紀不到二十歲，就因為學問好，被推舉為議郎。光祿勳匡衡還因為孔光品行端正，推薦他擔任諫大夫。可是當孔光在朝上議論政事時，因為與皇帝心意有所出入，後來被貶官為虹縣縣令。孔光因不願赴任，便辭官返家教授經學。後來漢成帝即位，孔光被推舉為博士，多次讓他負責平反冤獄、整治風俗、賑濟災民的重大任務。而他每次奉命，都能圓滿達成皇帝的要求，因而名聲遠揚。

孔光長期掌管尚書事務，他所制訂的法律制度仔細而溫和。這時，定陵侯淳于長犯了大逆不道之罪，被處死了，淳于長的小妾乃始等六人都在淳于長犯罪之事尚未被發覺之前與他休離，有的也重新嫁了人。等到淳于長的事情發生之後，丞相方進、大司空何武向皇帝建議：「依照法令，犯法的人都要以犯法時的法律論處，所在時間上有明確的責任界限。當淳于長犯大逆不道罪的時候，乃始這些人還是他的妻子，所以已經成立株連之罪，這跟自己犯大逆不道罪是一樣的。雖然她們在淳于長犯罪之後才離開他，但按照法律，無法免罪。有請陛下裁決。」

孔光也就此發表意見，他認為：「犯了大逆不道的罪，罪犯的父母、妻子、子女等同罪。只要是親屬，無論年紀大小，都該處斬，棄屍街頭，以此來警戒今後想要犯大逆不道罪的潛在罪人。而夫婦之間之所以結合，乃是相互之間存在情義，若沒有情義的話，那就休離了。淳于長自己不知道未來會犯下大逆不道的罪，當時就拋棄了乃始等人，她們有的已經重新改嫁，跟淳于長彼此間的夫妻情義早就斷絕，如果現在還認定她們與淳于長存在夫妻情義而加以處死，是不正當的，因此淳于長的前任妻妾們不應當受到牽連。」漢成帝聽完便了下詔書，採用的是孔光的意見（以上見《漢書・匡、張、孔、馬傳》）。

◆依法行政、議罪從輕

孔光既是經學大師，也專精律法，執行律法時重視情理。所以在處理淳于長一案，並不牽連無辜，還能根據經學中的倫理奧義，給不知情並已休離的淳于長妻妾找到一條活路。但在今日，警察執行公務頗難拿捏得準，稍有不慎，即可能有觸法之虞。有時給予民眾方便，自認是行政裁量權的行使，但一不小心，即陷入「圖利罪」的囹圄之中。

張仁鴻（二〇一五）指出公務員行使裁量權時，應在法令規範之範圍內選擇適當方式為之，不宜有逾越或濫用裁量權之情形。若公務員行使裁量權，明知逾越法令授權之範圍而仍越權裁量或濫用裁量權時，仍構成「圖利罪」之「違背法令」要件。至於雖在法令授權範圍內之裁量，但其裁量不當或不符公平、比例原則時，仍須依其情節，追究行政責任。

法律小常識

「行政裁量」指行政機關在法律積極明示之授權或消極默許範圍內，基於行政目的，自由斟酌，選擇自己認為正確之行為，而不受法院審查（翁岳生，一九七六）。

「圖利罪」指公務員對於主管或監督之事務，明知違背法令，直接或間接圖自己或其他私人不法利益，因而獲得利益者。

警察行使行政裁量權有時是給民眾方便，圖利與便民雖然都是給予人民利益或好處，但圖利之行政行為並不合法，而便民卻是合法給予人民利益；兩者界線有時模糊。

為何警察容易誤蹈「圖利罪」呢？洪正晟（二〇一八）以為理由有三：

其一、警察的任務涵蓋太廣，就維持公共秩序的任務來說，治安與交通現在普遍被認為是警察的本業。另外警察任務中的危害防止部分，例如環境保護、技術安全等項目，此等危害的預防若非借助各種專業知識能力將無以為功。但警察又被寄予厚望；加上各部會又擴張濫用警察權限，動輒即要求修法增加動保警察、環保警察、衛生警察等，而警察並非該項工作主管單位，對於各項法令規範無法清楚掌握，使得警察職權無法專精，直接面對民眾處理秩序維護問題時，恣意裁量的機會就會增加，違法圖利的案件也就容易發生。

其二、警察為人民保母，本要依法職責範圍內為民服務。隨著社會民意高漲，至今已演變成服務至上，執法在後，甚至瀰漫著一股「政府不要與民爭利的氛圍」，如此一來法理情變成情理法，許多事情先講求情面，可以用溝通的方式來處理，就不能用執法層面來處置，如此思維已成為常態。因此實務上警察在執法時常需面臨人情壓力與法律底線的考驗。現今社會關說風氣依然興盛，部分政府官員及民意代表以為民服務為由，同時民眾認為警察開單應網開一面，加上地方主訴人情味，使警察原本應依法執法，反而卻遊走在法律邊緣間。

其三、「圖利罪」的要件在實務上，認定利益包含一切有形無形的利益，加上公務員稍有行政疏失即以「圖利罪」之概括條款移送等，均使得「圖利罪」適用的範圍沒有限縮反而因此擴大。尤其警察職權任務龐雜，並非所有第一線執法的員警均能完全知道各該法律規範、相關應遵循的法令或行政規則等，導致警察容易誤觸法網。

譬如最高法院一〇四度臺上字第七〇二號提到，桃園縣政府警察局黃前警員執行交通稽查勤務，攔檢到司機劉某因駕駛營業貨運曳引車違規超載——核定重量三公噸，載重四十餘公噸——原擬開立「超載」舉發通知單，副駕駛呂某見狀後以電話通知吳警員到場處理，吳警員接獲通知後前往現場向黃前警員進行關切，黃前警員變為同意「超載」情形不予舉發，而違背其舉發義務，變成圖利呂某；呂某得以免繳一萬元之罰鍰。黃前警員係依法令服務於國家所屬機關，而具有法定職務權限之公務員，對於主管之事務，明知違背而直接圖其他私人不法利益，因而獲得利益，被處有期徒刑二年八個月，褫奪公權二年；後減為有期徒刑一年四個月，褫奪公權一年。

又如臺灣高等法院高雄分院一〇五年度重上更（四）字第四號提到，高雄市政府警察局陳前小隊長於二〇一六年底至二〇一七年年間收到高雄市林議員請託傳真後，即將請託傳真上填載之違規車號、時間、地點等資料交由該大隊逕行舉發中心潘承辦人，並示意依其於該紙條上所載之資料，比對測照桿所拍攝之照片，加以銷毀。潘承辦人即依陳前小隊長所交付之交通違規資料予以比對，並搜尋出相關之違規相片抽出，不送予巡舉中心作業員製開巡行舉發通知單，並將這些照片以碎紙機絞碎毀，與陳前小隊長共同連續犯對主管事務圖利罪，分別執行有期徒刑一年四個月，褫奪公權二年，緩刑四年，以及有期徒刑一年二個月，褫奪公權二年，緩刑三年。

再如最高法院九十七年度臺上字第五三九〇號提到，乙某是某分局車禍處理小組員警。丙於二〇〇三年二月二十三日駕駛未懸掛車牌之拼裝A車遭車禍處理小組主管查扣，丙因不甘損失，向縣議員某甲請託，圖謀以其所有另一輛引擎老舊、即將報廢之拼裝B車加以掉包。甲某隨即商請乙某協助，由乙於其非值班時段，利用主管休假之際，在保管車場辦公室等待。丙事先將已噴上相同號碼欲掉包之拼裝車開到該保管場，由乙引導丙至保管場，由丙將A車駛出，友人丁將B車倒入原A車停放處，使丙能繼續使用A車。A車時價約四萬元，B車則已無剩餘價值。後來因為掉包一事外傳，民眾聽聞，擬比照辦理，否則將檢舉乙某，單位主管才察覺，並將乙某提報。

以上三個交通違規類型的圖利案件，主要以警察濫用裁量權或不知法律的嚴重性為主因，該行為都是為使他人免受交通罰款，然而自己本身直接沒有獲得利益居多。其他常見利用職務機關圖得利益的案件，簡單來說就是少部分警察自己的貪小便宜的意念作祟——藉由洩密、偽造文書等，不當接觸交往與圖利特定對象等等。

由於警察任務包山包海，法令規範多如牛毛，法律無法規範到鉅細靡遺，因此在法律規範下授權行政機關可以有裁量空間，警察的「圖利罪」案件也就常在此出錯；而出錯的態樣多半是裁量的濫用、裁量的逾越與裁量的怠惰等。原本出發點良好的便民服務，一不小心就變成違法的圖利，不可不慎。

身為第一線執法人員，必須清楚認知，行政機關行使裁量權，不得逾越法定之裁量範圍，並應符合法規授權之目的才是。

王商愛親族輔幼帝，理性識破謠言

一 名臣生平

王商（B.C.?-12），西漢大臣，祖籍涿郡蠡吾（今河北博野西南），後遷居杜陵（今在陝西西安東）。其父與叔父都是漢宣帝的舅父，分別被封為樂昌侯、平昌侯，王家顯赫一時。王商初任太子中庶子，父親王武去世後襲樂昌侯。任左將軍後再升丞相，以誠實厚道著稱（參考自《中國歷代宰相大詞典》）。

名臣事跡

由於家庭出身與皇室關係密切，漢宣帝時，年紀輕輕的王商便出仕，擔任太子中庶子，以皇太子劉驁表叔身分，負責管理東宮事務。王商擔任太子中庶子期間，因為具有威嚴且行事正派忠厚，工作受到肯定。後來其父王武去世，王商繼承了樂昌侯的爵位。父喪期間，王商極為哀慟，父親出殯後，王家分家產，王商又對異母兄弟們非常慷慨，這些舉止都為王商贏得了很好的名聲。也因此，在大臣們的舉薦下，王商被拔擢為皇帝近侍，之後歷任諸曹、侍中、中郎將等官職。

漢元帝即位後，王商升任為右將軍、光祿大夫。漢元帝晚年，十分寵愛次子山陽王劉康（漢成帝即位後遷定陶王），皇太子劉驁地位受到嚴重威脅。所幸王商作為外戚和朝中重臣，竭力穩固太子的地位，對太子日後能夠順利即位為漢成帝做出很大貢獻。

因為有王商的支持，漢成帝即位後，對王商極為敬重，在建始三年便任命他為左將軍。不過此時朝中大權已落入成帝親舅大司馬大將軍王鳳一族手中。由於王鳳擅權專政，王商平日與皇帝議論，就多次表達對他的不滿。王鳳聽到王商對他有意見，心生怨恨，兩人漸生齟齬（本段見《漢書・百官公卿表》）。

建始三年秋天，京城長安謠傳有大水將至，百姓們十分驚恐，城中大亂。漢成帝得知大水來犯的消息後，立即召集公卿大臣在殿前商議對策。大將軍王鳳勸成帝、太后以及後宮應速速準備船隻，大水來時方可登船避難，同時通知百姓趕緊登上長安城牆來躲避水災；大臣們也紛紛附和王鳳的意見，只有王商堅決反對。

王商分析道：「自古以來，即便是再怎麼無道的國家，也沒有大水突然漫過城郭的時候，更何況今日天下太平，四海安定，怎麼會無端發起大水呢？按常理推測，大水來犯一事，肯定是謠傳。還沒搞清楚狀況，便草率要求百姓登上城牆，反而幫助散播謠言，造成國家動盪！」

漢成帝聽了王商的話後，認為他說得很有道理，心裡也不再驚慌。過了好久，也不見大水淹來，謠言不攻自破，城裡的混亂也就慢慢平靜了下來。事後漢成帝對王商能洞悉世事、勇於力排眾議，很是欣賞。而道聽塗說、盲從的王鳳也因此事感到十分羞愧，後悔自己的魯莽失言。隔年，王商接替匡衡出任丞相，權勢達到巔峰（以上見《漢書・王商、史丹、傅喜傳》）。

◆過濾輿情、鎮定朝綱

謠言的產生，可能是無意的以訛傳訛，也可能是有意的攻擊行動。不論有意或無意，三人成虎，若無智者止謠，往往造成國家動盪。王商輔佐漢元帝時，首都人民謠傳大水將至。滿朝文武皆驚恐。然此一大事，竟人云亦云，無人查證。所幸王商頭腦冷靜，認為國家太平，風調雨順，推斷萬萬不可能有大水漫城，方穩住朝廷、民心。

當代資訊發達，人民透過網路所能取得訊息的管道多且數量驚人。而且網路使用者不止是訊息的接收者，也能成為訊息的製造者。如果有心人想透過網路力量製造社會動盪或企圖影響公私機關單位，十分容易。林宗憲（二〇一七）的研究提到，《華盛頓郵報》二〇一六年十一月間曾引用美國費城智庫外交政策研究所與PropOrNot等機構調查結果，指出俄羅斯利用二百個以上的網站，建立宣傳機制，進行假新聞的散播，用以打擊民主黨候選人希拉蕊，意圖影響美國二〇一六年總統大選。為防止不肖人士擾亂社會秩序，近年來我國政府也經常面對網路上不實謠言的惡意攻擊，如「環保局為了環保要宗教團體再也不能燒香」、「軍公教年金改革後退休人士出國不報備不能再領退休金」等不實言論在網路上流竄。由於流竄的資訊製作精美、圖文並茂，常讓人信以為真。一旦接受到的網路使用者相信後，便輕易的再透過網路散布出去。而某個假消息的散布、網路聲量積累到一定程度，就會被傳統媒體引用報導，成為「假新聞」。可見新興的網路使用方法以及社群媒體興起後，警政單位必須更努力的扮演好網路守門員的角色。

鑑於網路假消息的猖獗，著名社群軟體臉書的創辦人馬克・祖克伯於二〇一七年四月宣布與非營利組織及學校單位合作，推出「假新聞標籤」的新聞誠信計畫，希望能透過臉書使用者的通報與檢舉，再經過公正獨立第三方的驗證審核，將臉書上的假消息一一過濾，以解決假新聞氾濫的問題。

反觀國內，因為尊重言論自由，政府機關對新聞報導或網路言論一般都是採取尊重的態度與開放的立場。但近年來網路社群的討論氣氛有劣幣驅逐良幣的情況，造成不實謠言、放話抹黑情況日益嚴重，大大的影響了真實世界，也造成不少社會恐慌。因而行政院所屬各政府機關（連同警政機關）亦開始積極澄清不實言論，在網頁上設計相關專區，供民眾查證：

行政院所屬各機關闢謠專區網址
行政院食品安全辦公室食品安全資訊網－闢謠專區
內政部警政署165反詐騙－詐騙闢謠專區
衛生福利部國民健康署－真相與闢謠
衛生福利部疾病管制署－闢謠專區
食藥署闢謠專區
農委會農產品食安專區
國家通訊傳播委員會正確訊息報你知專區
農委會－農藥殘留標準

同時，警方也更用力進行網路不法行為的查緝。

曾有立委主張要為禁止假新聞設立專法，因有鉗制言論自由之虞，消息一出，輿論嘩然。有學者指出如果一定要立法管制假新聞，也必須依循三大原則：第一在法律須謹慎使用；第二在避免抽象規定，可請公民媒體、專家學者研議共識性的規範及標準；第三在強化媒體自律（《風傳媒》，二〇一八）。

除了積極闢謠、依查緝外，面對網路氾濫的假消息，林宗憲（二〇一七）認為警方更應化被動為主動，用心以下工作：

其一、隨身裝置及智慧型手機的普及，民眾人手一機，遇到不平事即拍照、撰文、打卡、上傳分享。一方面希望得到來自同溫層網友的慰藉或支持，一方面也自詡正義使者，希望能吸引媒體記者注意報導，達到網路公審的目的，但其最後往往演變成網路霸凌。警方雖為執法機關，但在民眾利用影像快速散布的手段來監督之下，除了要更留心執法手段，遇到外界的誤解更應當機立斷，迅速澄清。

其二、警察機關目前對新聞輿情的處理仍偏重在傳統平面與電子媒體，雖已經意識到社群媒體的傳播與擴散影響力，但相關的建制與投入仍不夠多。其實利用網路徵蒐輿情具有大量快速搜尋、成本低廉等優勢，所得到而分析出來的情資具有提前預警價值，有助警政乃至其他政府機關判讀網路民意。所以未來應視情況擴編人手與工作小組才是。

其三、網路議題的產生、討論乃至於發酵而影響真實世界，雖然時間長短不一，但具有一定流程。正所謂防患未然，輿情的危機處理貴在即時。警察機關除了積極回應輿情外，更要主動掌握使用新興社群謀體。警方如何積極回應？像是與傳統媒體記者組成LINE群組，隨時回應，減少往返行政作業時間；警方如何使用社群媒體？像是建立臉書粉絲團，隨時回應網友意見，並宣導警察政策。

警察機關重要工作之一為維護社會秩序，面對此一新興網路犯罪型態，監督網路真假消息、打擊惡意的消息製造與散播者，刻不容緩。

法學小常識

事實上現有法律已經有針對散布假消息進行處罰的規定：如依據《社會秩序維護法》第六三條第五款規定：「散布謠言，足以影響公共之安寧者，處三日以下拘留或三萬元以下罰鍰。」另外，傳播不實謠言使相信者採取不當言行者，可能涉犯《刑法》第一五三條第二款「煽惑他人違背法令罪」，《刑法》所謂煽惑：「係煽動蠱惑之意，凡勸誘他人使生某種行為之決意，或對已有某種行為決意者加以慫恿鼓勵傳播不實謠言，均足當之。」而散播不實謠言攻擊特定對象者，可能涉犯《刑法》第三一〇條「誹謗罪」，散布流言或施以詐術而損害他人之信用者，也可能觸及《刑法》第三一三條「妨害信用罪」。而若在選舉中傳播不實謠言，可能涉犯《選罷法》第九二條「意圖使候選人不當選而散布謠言或傳播不實罪」。針對傳染病疫情發表不實資訊，嚴重影響整體防疫局勢，涉犯《傳染病防治法》規定，依法最高可處十五萬元罰鍰。若是散播的不實傳言足以損害公眾或他人，最高可處五十萬元罰金（《臺灣時報》，二〇一八）。

田千秋上書護太子，逆龍顏平巫蠱

名臣生平

田千秋（B.C.?-77），西漢大臣，長陵（今渭城）人。初為守衛漢高祖陵廟寢郎。漢武帝時上書為遭「巫蠱禍」的故太子劉據及其母衛后昭雪，使冤案真相大白。隨即拜為丞相，封富民侯（參考自《咸陽大辭典》）。

名臣事跡

漢武帝晚年怕死，因年老多病，便輕易相信求仙之術，尤其是一生病便懷疑有人要陷害他。武帝後來偏聽江充，讓他追查為何自己容易生病。因為江充與太子劉據有隙，怕武帝百年之後自己命將不保，便帶著巫師對漢武帝說：「皇宮裡有人詛咒皇上，蠱氣很重，若不把那些木頭人挖出來，皇上的病就好不了。」

得到武帝允許後，江充帶人進宮到處挖掘木人，最後挖到太子和皇后的寢宮院子；太子眼見與自己有仇的江充帶著眾人殺氣騰騰的來到，惟恐禍及於身，迫於無奈，只好殺了江充。遠在甘泉宮的漢武帝得到太子劉據殺江充的消息，以為他要造反，便派兵鎮壓。這就是漢武帝晚年爆發的「巫蠱之禍」。事件中太子與皇后失去性命，而遭到陷害、牽連的人更多達幾萬。

過了不久，事情終於明白，原來是丞相劉屈氂和將軍李廣利想要預立新主，唆使人埋下木人，用以陷害太子。而妖人江充、宦官蘇文他們都與劉丞相、李將軍私下有所勾結，原是一起計劃要來陷害太子的。漢武帝知情後，立即派人前往丞相府搜捕，將參與陷害太子的人全部殺掉。

漢武帝知道自己錯怪太子，悔恨不已，因而陷入了深深自責和苦惱中，但卻拉不下臉來承認自己的錯誤。此時，擔任護衛漢高祖陵寢的郎官田千秋呈上奏書，替太子喊冤道：「兒子調動父親的軍隊，頂多是挨頓鞭子的小罪罷了；天子的兒子有了過錯，誤殺了人，又算的了什麼呢？以上的話是我做夢，夢中一位白頭老翁教我這麼說的。」他上書的時候，太子案已經過了一段日子，武帝已經很明白當初是太子由於惶恐不能自保才下手殺掉江充的，所以武帝在看了田千秋的上書後馬上召見了他。

等武帝見到田千秋，看他身長八尺有餘，相貌堂堂，更加高興。武帝說道：「父子之間的事情，外人是很難插得上話的，卻惟獨你能向我闡明太子的心跡，這一定是高祖皇帝的神靈讓你來教導我，你應該來當我的輔政大臣。」於是田千秋被拜為大鴻臚。幾個月後，劉屈氂因罪被斬，田千秋升任丞相，封富民侯。事實上，田千秋並沒什麼超凡入聖的才能，也沒有什麼戰功，資歷更是淺薄，只因為一封上書合了武帝的心意，幾個月的時間，便封侯拜相。

不久，漢朝使者前去匈奴，因為田千秋的資歷淺卻能拜相，單于好奇的問：「聽說漢朝新拜了個丞相，他為什麼能被拜為丞相呢？」使者回答道：「因為他上書言事，合乎我朝皇帝心意的原故。」單于道：「哦！原來你們漢朝選拔丞相，並非是任用賢能之人，而是隨便一個男人上書說幾句話，便可一人之下萬人之上了呀！」使者回漢朝後把單于的話上報，武帝認為使者沒及時反應過來，有辱使命，差點殺了使者。

雖然田千秋沒什麼特殊才能，但他為人樸實敦厚，就連做了丞相也很安分，處境倒是比他幾位前任平安得多。他見武帝一連數年追查太子謀反事件，株連甚廣，大臣們時時都籠罩在恐懼的氣氛之下，便與御史中兩千石級別的大夫們一起上書，請武帝「施恩惠，緩刑罰，玩聽音樂，養志和神」。武帝認為他說的很對，便下詔自責，除了感謝丞相和大夫們提出建議，也停止追究太子受陷害一案。

過了一年，武帝病死。田千秋輔佐幼帝，仍任丞相。後來田千秋年老，繼任的皇帝善待他，朝見的時候特別允許他坐小車進宮，因而人稱「車丞相」，連他的名字也被改稱「車千秋」。田千秋任丞相，前後十二年，老死在任期中，可謂善終（以上見《漢書・公孫、劉、田、王、楊、蔡、陳、鄭傳》）。

◆抗壓性強、追求真理

田千秋堅稱太子被迫造反，事後也證明太子係遭人構陷。漢武帝悔不當初，也肯定田千秋敢於直言的勇氣。田千秋的發言也給了殺子之後心生悔恨的武帝一個臺階，讓他可以正式為太子平反。之後由於構陷太子一案牽連甚廣，株殺甚多，朝廷人心惶惶，田千秋又勇於出面，聯合高級官員上書，建議漢武帝停止究責，並廣釋恩惠，以穩定政局。面對專制君王的壓力，田千秋毫不畏懼，據理力爭，得到武帝的肯定。

重大刑案，往往受到社會矚目，來自輿論與長官的壓力是承辦人員所不可承受之重。如若案件涉及其他國家，相關處置是否妥當，事關國家尊嚴，又再有來自國外政府及外交部的關切，承辦人員心中苦楚更難以言盡。以這幾年臺人到國外組織詐騙集團、設立機房向亞洲各國詐騙為例，刑事局承辦人員既要跟各國警察機關斡旋，取得犯罪證據，又要想辦法將臺人引渡回國受審，壓力特別之大。

馬前總統執政期間，兩岸關係較為緊密，司法互助共同打擊犯罪成效顯著，使得原本由臺灣移往大陸營運的詐騙集團，不得不再轉移到東南亞乃至非洲、歐洲等其他國家。馬前總統認為臺灣與大陸不是國與國關係，並不適用國際法，所以電信詐騙犯是否堅持移送回臺，本不是問題；加之兩岸對於詐騙案量刑差異極大，而被害人國籍都是中國大陸，國外逮捕的臺灣詐騙犯一般送到中國大陸，當時無人過問。所以在馬前總統執政時期，計有西班牙、肯尼亞及多個東南亞國家，將詐騙疑犯遣返大陸，其中已有四十四名臺籍詐騙疑犯被北京法院判處九個月到十五年不等的監禁刑罰。

有鑑於相關刑責太輕，近來臺灣法務部也開始研擬修法，提高電信詐騙的犯罪刑度，並導入「一罪一罰」觀念。但在蔡總統執政後，兩岸關係冰凍，中國大陸單方面中斷司法互助。所以中國對其他各國所逮捕到的臺灣詐騙犯急於引渡。中國的大動作，其背後原因主要是希望嫌犯儘快吐出贓款，減少受騙國人的損失。當然臺灣當局也透過各種管道，進行「營救」，努力將這些在國外犯罪的詐騙犯引渡回臺，不過真正案發地及受害者所在地的他國及中國大陸不肯提供犯案證據，就算嫌犯回臺，也很難被定罪。像是二〇一六年，臺灣警方好不容易爭取到二十名在馬來西亞被捕的詐騙案嫌犯回來受審，但因罪證並不在臺灣警方手上，這二十名嫌犯只有在入境桃園機場時，被刑事局人員接往會客室進行會談，即被釋放。雖然後來在罪證補足後逮捕了其中幾人，但「詐騙犯在國外被捕，回臺就會被釋放」的執法不力印象已經深植人心。

法學小常識

《刑法》三三九條「詐欺罪」刑度是五年以下，二〇一六年修法將「加重詐欺」提高到一年以上七年以下；二〇一七年再度修法，將詐騙集團視為組織犯罪。以往被判得最輕的車手，不止刑期短，還能易科罰金，現在視為組織犯罪，最重判可十年，併科罰金一億元，刑期起算前，還必須到矯正機關強制工作，最多需勞動三年。

雖說如此，臺灣刑事局仍然不畏國際壓力以及國內輿論，用盡一切方法，將相關人等接回臺灣受審。譬如二〇一〇年馬前總統執政時期，菲律賓警方破獲跨國詐騙集團，其中有十四名臺人涉案，而被害人多在中國大陸，詐騙總金額高達一億人民幣。因此菲律賓第一時間應中國大陸要求，在二〇一一年將臺灣犯嫌一併移送中國大陸，此舉讓臺菲關係一度緊張，菲國因而派特使來臺說明。臺灣治安當局也一直與中國大陸對口單位協調，直到二〇一一年七月，警政署刑事警察局派遣勤務人員赴中國大陸順利取回罪證，才將十四名犯嫌押解回臺受審。

為避免菲律賓事件再度發生，時任刑事警察局林局長率員前往大陸，與陸方研商兩岸跨第三地合作共同打擊犯罪偵辦事宜。二〇一一年年中，兩岸六地警方同步實施專案行動兩岸警方各自陸續派遣偵查、科技人員於行動前分赴印尼、柬埔寨與當地警方合作偵辦，建立合作共識與默契。印尼、柬埔寨各自動員數百名警力，馬來西亞和泰國亦指派數十名警力共同配合查緝，其中查緝到臺籍嫌犯四一一人。因人數眾多，首次以包機方式自柬埔寨、印尼等地遣返，媒體因以「空中監獄」為標題加以報導。此次臺籍嫌犯遣返，更被譽為臺灣治安史上「最有感的政績」（感謝刑事局兩岸科蘇信雄股長提供以上案例原始材料）。

蔡總統主政時期，兩岸關係緊張，刑事局承辦人員亦嘗試透過各種辦法與中國大陸溝通，提高臺籍犯嫌回臺受審的機會。如二〇一四年肯亞警方發現一處詐騙集團據點，逮捕了七十七人，其中有二十八名臺灣人，詐騙受害者多為中國大陸民眾，高達百餘人，詐騙金額將近一億人民幣。隔二年肯亞警方又再度逮捕四十一名電信詐騙犯，其中有二十二名臺灣人。但肯亞警方審查後，卻決定要將臺籍人士全遣送回中國大陸。當時已經當選總統的蔡女士先呼籲北京當局釋放遭關押的臺灣人，時任總統的馬先生也說陸方強行帶走我國國民，有違程序正義；同時外交部也發新聞稿，表示肯亞警方未依照肯亞地方及高等法院判決，強制拘留已獲判無罪的二十三名臺灣人，也未顧慮另遭逮捕的二十二名國人意願，逕自將其遣送中國大陸。肯亞案也引發國際媒體關注，形成給予肯亞官方的外交壓力。可惜最後仍然無功而返，所有臺人皆在中國大陸受審服刑。

雖然肯亞案交涉失敗，卻讓蔡政府明白到跟中國大陸交涉的效果有限。於是蔡政府轉而直接向其他查獲臺人詐騙集團的國家交涉，順利讓涉案臺人回臺受審。據統計，自二〇一六年四月後，已從第三國帶回二十九案、共四八四名臺嫌，包括拉脫維亞、泰國、土耳其、馬來西亞、印尼等。前法務部長邱某說，臺灣從海外帶回來的人數，其實遠多於送往中國大陸的人數，但礙於部分國家與中華民國並無邦交，無法張揚。而臺灣之所以能在兩岸搶人大戰中占上風：主要是因為民主法治程度高的國家，多半願意將嫌犯交給臺灣，即便中國大陸的邦交國也是如此，這是因為臺灣是國際皆知的法治國家，臺灣政府讓外國相信我們一定依法而行。

趙憙平原郡破盜夥，斬首犯縱從犯

一 名臣生平

趙憙（A.D.4-8），東漢大臣，南陽宛（今河南南陽）人。少仕更始政權，拜中郎將，封勇功侯。建武中歷任懷令、平原太守，有治績。旋為太仆，遷太尉。明帝時，封節鄉侯。坐考中山相薛修事不實免官，旋授衛尉，後代行太尉事，內典宿衛，外干宰職。章帝即位，進為太傅、錄尚書事。以病終（參考自《中國歷史大辭典》下卷）。

一、名臣事跡

東漢光武帝時，鄧奉在南陽叛變，由於趙憙向來與鄧奉友善，在得知鄧奉叛變後，趙憙幾次寫信給他加以指責，好事者知道此事後，便誣陷說趙憙與鄧奉合謀，漢光武帝因此開始懷疑趙憙。等到鄧奉兵敗，漢軍搜查到趙憙責問鄧奉的書信，漢光武帝由猜疑轉而大大信任趙熹，並說：「趙憙真是一位值得尊敬的人啊！」還在第一時間徵召趙憙入宮，賜鞍馬，待詔公車。

當時江南尚未歸附東漢，道路受阻，漢光武帝以趙憙代理簡陽侯相。趙憙不願帶兵赴任，以免激起當地人反感，只有自己單車駛往簡陽。趙憙一到當地，受到官吏民眾的阻攔，不讓他進城，趙憙就宣告曉諭，呼籲城中的大人物歸附東漢。聽完趙憙的勸告，簡陽城的統帥馬上開門自縛，表示歸順。此後，江南各個原先不歸附東漢的城池都相繼投降。

由於趙憙在南方任官很有治績，荊州牧奏明朝廷，漢光武帝於是改任他為平林侯相。趙憙一到當地，先是鎮壓群賊，並安撫已經投降的人，當地的混亂因此平定。後來趙憙改任懷縣縣令，當地大姓李子春曾經是琅琊國相，因為自認為特權階級，不守法度，不斷掠奪兼併地方，百姓們都很怕他。趙熹到任後，聽說李子春的二個孫子殺了人，卻無人敢告發，於是窮加追究，也把李子春逮捕拷問，逼得李子春二個犯了殺人罪的孫子自殺。雖然在京師洛陽，為李子春說情的大小官員多達數十人，趙熹也都沒有屈服。當時的皇帝叔父趙公劉良病危，漢光武帝前往親臨看望，問他有何遺願，劉良說：「我平素與李子春交好，現在他犯罪被關，懷縣縣令趙熹還想殺他，我希望皇帝您能讓他活命。」漢光武帝回道：「官吏尊奉法律，法律不能被扭曲，這件事不算，你還有什麼其他要求？」劉良聽了便再也不說話。但劉良死後，漢光武帝因感念叔父，還是赦免了李子春。同年，趙熹調升為平原郡太守。

當時平原郡多盜賊，趙熹與諸郡討伐抓捕，雖然斬殺首領，但餘黨株連者多達數千人。眼見牽連人數過多，趙熹便上書說：「惡人做了惡事，只需懲罰到他們自己身上，其他受牽連者，可將他們遷往京師近郊，就近看管。」漢光武帝同意趙熹的見解，便把這些株連之人移置到穎川、陳留。趙熹治理地方，留心提拔有義之人，盡誅奸惡之徒，替天行道。後來青州發生大規模的蝗災，野蝗只要一侵入到平原郡的郡界就離奇地死掉，所以平原郡境內豐收多年，百姓們都認為這是地方官趙熹有德行，才讓當地受到上天恩顧的原故（以上見《後漢書・伏、侯、宋、蔡、馮、趙、牟、韋列傳》）。

◆刑首縱從、安撫民心

趙除惡務盡，但對一些有意無意涉入案件，但罪行尚輕，或其情可憫的人改以恩撫的方式，避免塗炭生靈；同時廣施仁德，穩定地方，因而政績斐然。現代法律也根據涉案人員情節輕重，而有不同的處置方式。在臺灣，《刑法》規定一案若多人涉及，必須分出正犯與從犯（修法後稱為幫助犯）。當然正犯的責罰要比從犯來得高。正犯的部分，有關的法源見臺灣《刑法》二八條：「兩人以上共同實行犯罪之行為者，皆為正犯。」

那要如何判斷兩人以上共同實行犯罪行為呢？實務上認為要滿足以下要件：

第一、犯意之聯絡——共同正犯，彼此之間要有一同犯罪的意思及決意如此做。

第二、行為之分擔——共同正犯之間在進行犯罪時，須一同實施或分工合作。

以常見的竊盜案為例。今天犯案的三個人A、B、C。因為三人既是好朋友，又剛好手頭很緊，於是計劃侵入科學園區一個知名的國際大公司行竊晶片。

三個人討論之後，決定分工如下：A因為笨手笨腳，但是因為當水電工的關係，家裡面有很多破壞工具可以運用，加上又有臺破車可以載送工具跟贓物，於是只要負責出破壞器材以及交通工具就好。B沒近視，感官敏感，空間感也很不錯，所以負責現場把風跟規劃逃亡路線。C手腳快，反應強，所以負責當天破壞門禁跟搜刮晶片的工作。

在此案例中，誰是正犯、共同正犯，誰又是從犯呢？有關共犯的認定，可以參照三〇年上字七八一號判例的內容：

《刑法》上之從犯，係指僅以幫助之意思，對於正犯資以助力，而未參與實施犯罪構成要件之行為者而言，如就構成犯罪事實之一部，已參與實施，即屬共同正犯。

又二十五年上字二二五三號的內容提到：

現行《刑法》關於正犯、從犯之區別，本院所採見解，係以其主觀之犯意及客觀之犯行為標準，凡以自己犯罪之意思而參與犯罪，無論其所參與者是否犯罪構成要件之行為，皆為正犯，其以幫助他人犯罪之意思而參與犯罪，其所參與者，苟係犯罪構成要件之行為，亦為正犯，必以幫助他人犯罪之意思而參與犯罪，其所參與者又為犯罪構成要件以外之行為，始為從犯。

根據這二則判例，可以知道，除了幫助他人犯罪，或在犯罪行為中，其犯罪行為不構成正犯要件以外，都是正犯。現在再用前述案例當例子來說明：

C確實直接從事犯罪，搜刮被害公司的晶片，明白就是正犯，沒有問題；B負責把風以及規劃逃亡路線，也是整個犯罪行為裡不可或缺的一環，所以B當然是偷竊罪的正犯。至於A，他只有提出器材與交通工具讓B、C使用，可是自己並不動手，他算正犯還是從犯呢？依照二〇年上字一三七號判例內容：

> 共同正犯，必以共同實施或分擔實施一部之人為限。所謂實施，即實行犯罪構成要素之行為已達於著手之程度而言，若僅於事前參與計劃，而予以相當之助力者，衹應論以事前幫助之從犯。

A雖然只有提供破壞器材跟交通工具，但侵入公司犯下竊盜案，必須要有這些工具才行，所以工具提供的這個行為是整個竊盜案實施的一部分，加上A也參與事前的計劃，接受了分工，因此，A是共同正犯。所以提供犯罪工具就會成為共同正犯。

那在什麼情況之下，A只是從犯而已呢？譬如A有參與討論或提供場地讓大家討論；或只有提供點子；或只有給予金錢資助B、C購買犯罪工具。而在這些動作之後A不論有無分到贓款，皆未與B、C聯絡，這樣的情形之下，A才只算從犯而非共同正犯。

那在什麼情況之下，A根本連犯罪都談不上呢？譬如A在不知情的狀況下將破壞工具借給B、C使用；或者A在討論的現場，但完全沒有表示任何意見，事後也未與B、C聯絡。這樣的話，A就是清白的了（以上案例改寫自「聯晟法網」〈共同正犯與從犯（幫助犯）〉）。

吳漢常勝軍遇兵敗，忍腳傷激士氣

名臣生平

吳漢（A.D.?-44），東漢名將，南陽宛縣（今河南南陽）人。曾任亭長，新莽時因門客犯法而畏罪逃往漁陽。後歸劉玄充任安樂縣令。旋歸降劉秀，歷任偏將軍、大將軍、大司馬，被封為廣平侯。其用兵的特點是敗不氣餒、力挽危局（參考自《中國古代軍事文化大辭典》）。

名臣事跡

東漢光武帝即位後年號建武。一即位，光武帝就想根據迷信讖語，拜平狄將軍孫咸為大司馬，但因眾人反對，光武帝於是下詔要大家推舉人選，後來群臣們討論出來的人選只有吳漢與景丹。光武帝以為吳漢有提出良善政策的功勞，又誅殺了苗曾、謝躬，對國家貢獻大，於是選定吳漢為大司馬，而景丹則為驃騎大將軍（以上見《後漢書・朱、景、王、杜、馬、劉、傅、堅、馬列傳》）。

吳漢被拜為大司馬後改封為舞陽侯。光武帝即令吳漢與其他十一位將軍將朱鮪圍困在洛陽，時間達數月之久。之後朱鮪接受岑彭勸降，舉城歸附。建武二年，吳漢率大司空王梁、建義大將軍朱祐等，同在鄴東漳水上大破檀鄉賊，投降者達十餘萬人。光武帝派使者以璽書封吳漢為廣平侯，食邑為廣平、斥漳、曲周、廣年四縣。博士丁恭認為梁侯鄧禹與廣平侯吳漢封地達四縣，違背強幹弱枝之理，不合法制，但光武帝回道：「未嘗聞功臣地多而滅亡者」，可見光武帝十分信任吳漢。

未久，吳漢又率諸將攻打鄴西山賊黎伯卿等人，一直到了河內脩武，全數攻破各處屯兵。光武帝還親自幸臨慰勞。之後吳漢奉命進兵南陽，攻破宛、涅陽、酈、穰、新野各城，再引兵南下，與秦豐戰於黃郵水上，大破敵軍。可惜吳漢軍紀不嚴，漢兵所過之處多有暴行，當時破虜將軍鄧奉受命歸鄉，見到吳漢軍隊掠奪家鄉新野，怒而反叛（以上見《後漢書・馮岑賈列傳》）。直到第二年夏天，漢軍才得以擊破鄧奉叛軍。此後，吳漢又與偏將軍馮異擊破昌城五樓賊張文等，接著又在新安攻打銅馬、五幡，諸戰都取得了勝利。

建武三年一月，吳漢跟隨光武帝前往宜陽討伐赤眉殘部，赤眉殘部奉上高皇帝璽綬投降。隔月，吳漢率領建威大將軍耿弇、虎牙大將軍蓋延，在軹西擊敗並降伏青犢軍。四月，率領驃騎大將軍杜茂、強弩將軍陳俊等七位將領，在廣樂圍攻蘇茂。劉永將領周建聚十多萬人，趕來救援廣樂。沒想到吳漢率輕騎迎擊敵軍卻作戰失利，落馬膝蓋受傷，被眾人擁護回營。周建順利帶兵進占廣樂城。

眼見局勢不利漢軍，士氣受挫，眾將向吳漢陳說道：「大敵當前，而您受傷臥床，眾軍士恐慌不已。」為了鼓舞士氣，吳漢決定帶傷起身，犒勞士兵，軍心大振。第二天，周建、蘇茂出兵打算圍攻吳漢，吳漢令黃頭、吳河等四部精兵與烏桓突騎三千餘人進兵。周建部隊不支潰敗，逃回廣樂城中。吳漢見機不可失，率軍長驅追擊，爭相進入城門，大破敵軍，蘇茂、周建趁隙逃走。廣樂城破後，吳漢留下杜茂、陳俊等守城，自己率領部隊協助蓋延將劉永圍困在睢陽。七月，睢陽城中糧食盡竭，劉永與蘇茂、周建逃往酇地，路上卻被慶吾所截殺，二城全部投降了東漢（以上見《後漢書‧王、劉、張、李、彭、盧列傳》）。

◆身先士卒、激勵士氣

吳漢除了是一位運籌帷幄、對戰場瞭然於心的百勝將軍外，遇到敗戰受傷，亦不氣餒，還樂於聽從下屬建議，帶傷起身，犒勞軍士，激勵小敗之後低迷的士氣。後來果然扭轉局勢，大敗敵軍。

警察職司有三：執行法令、維持秩序及為民服務。維持秩序為警察的首要工作。警察維持社會秩序的行為包括：排爭解紛、解散群眾、維護街道整潔、確保交通順暢及其他重要事宜。但警察處理這些問題，常遇到麻煩事，其間或有太多利益的糾葛。故而領導警察組織遂行任務的管理技巧就顯得特別的重要。今日關於警察組織管理的研究，對於警察主管應具備的條件，亦有類似吳漢帶傷上陣、以身作則、激勵士氣者。筆者（二〇一六）曾歸納出今日警察組織管理者需具備的相關條件有：

其一、警察主管要有高尚品格，建立個人魅力以號召下屬——稱職的警察主管不是僅具有宏觀的視野，幹練的經歷及洞察機先的能力便可。如品格低落，道德不足以服眾，無論向下面對基層警察與群眾或向上面對民意機關，都將缺乏說服力。所以警察主管應以優良的個人人格特質與領導風格為利基，藉以提高員警對組織的向心力。換言之，上司與下屬若能建立一體的伙伴關係，原本因為主管權威所造成的距離感就會降低；下屬願意親近，主管願意傾聽，對基層所遇到的問題，願意透過溝通，與之交換意見，適時回應，凝聚單位向心力後，主管自然愈能指揮得動下屬。換句話說，基層警察對於主管的仁慈、德行領導，都能報以感恩圖報、認同效法的心態。所以相較於威權，警察主管更應頻繁使用德行領導。

其二、警察主管要勇於挑戰、自我提升——警察主管面對多變的治安環境，及多元化的社會，一件簡單的任務，可能就必須考慮包括政治在內的各種變因。加之今日犯罪手法不斷翻新，警察主管能要隨時蒐集資料，做好功課，挑戰任務。一位有效能的警察主管除須具有多元領導觀念外，亦須學習具備多元領導能力，方能因應社會快速變遷。

能夠自我加強，勇於挑戰新治安環境的警察主管，才能帶領基層警察開創治安的新局面。實務發現，許多警察主管都是點子王，勇於提出點子，但能提出點子不代表能夠實行，所以主管判斷創新警政的實施可行性與自己的確切實踐力都很重要。工作計畫未必完美，但只要有好的執行能力，都可以彌補政策的不足，重點在警察主管要勇於領導、勇於任事。警察主管參加進修研習也是很好的提升自我能力的方法，但警察主管的自我要求與自我提升也應不僅侷限於學識領域的自習或參加教育訓練，在工作中累積行政經驗，磨練抗壓性、與上司下屬民眾互動過程學習管理與處世智慧，在代表警察機關與民眾接洽時建立人際網路並運用在警政中；以上種種均是警察主管應不斷自我提升的重點。

其三、警察主管要適時激勵下屬——警察主管的激勵與支持，能讓基層警察認同組織，追求表現，創造出高度的組織效能。警察主管在組織管理上，應特別留心員警是否認同組織的目標與信念，是否努力奉獻於此；若然，則適時給予鼓勵、肯定與表揚。但當其表現不佳，陷入低潮時，不要急於苛責，反而要擔當其後盾，使其樂於再為組織效力。激勵下屬是加強團隊凝聚力、創造高度組織效能的重要管理手段。警察主管做一個激勵者，要明確給一個目標，帶領他們往特定方向，達到預期目標便信實的給予獎勵才是。雖然警察為民公僕，領國之俸祿。但若能在制度允許的範圍內給予下屬激勵，對組織士氣極有幫助。激勵的手段可以是實質的獎金和考績，也可以是口頭嘉勉和功勛記獎；可以是正式的也可以是非正式的，可以是公開的也可以是私下的。

華歆得財散無餘物，濟親人廣交友

名臣生平

華歆（A.D.157-232），三國曹魏大臣，平原高唐（今山東禹城）人。初舉孝廉，後為郎中。曹魏時期歷官議郎、尚書令、司徒、太尉等職。持身儉素，常賑濟故舊宗族，家無餘財。卒謚敬侯（參考自《二十五史人名大辭典》上冊）。

名臣事跡

曹操去世後，曹丕繼位為魏王，拜華歆為相國，封安樂鄉侯。同年年底，曹丕代漢稱帝，由華歆登壇主持受禪儀式，向曹丕獻上皇帝璽綬，曹丕並改相國為司徒。

華歆任官以來一直很清廉，朝廷所發祿米以及皇帝給的賞賜，他都拿去賑濟親戚朋友中經濟不佳的人。家中存糧有時連十斗都沒有。朝廷每每將罰沒為奴的青年女子賞賜給大臣，只有華歆不加以收留，而是將她們嫁人。曹丕知道華歆並不顧及自己的榮華富貴後歎息不已，並下詔書說：「華司徒是國家難得的長輩，他的行為暗合天地仁道，因此深得百姓之心呀！今天大官們都享有豐盛佳餚，只有他還是簡單的蔬菜佐飯，並不計較物質享受。」為此，曹丕還特別拿自己的衣服賞賜給華歆，並為他的妻子及家中男男女女訂製服飾。

當時朝廷討論官員選拔與任用的議題，三府共同向皇帝提出建議：「推舉孝廉，原是以品德為標準的，所以不需要以儒家經典為測試內容來進行考試。」但華歆卻認為：「自中原戰亂以來，儒家六經就沒有人再讀了，道德亦隨之淪喪。所以當務之急是要趕快重新提倡儒家學說，推崇以仁為核心的王道。制定官吏的選任標準為何，這決定著國家的盛衰。今天推舉孝廉卻不進行六經考試，恐怕讀書的風氣從此衰亡。假如有特別優秀或擁有特別專長，但六經知識短缺之人，可當作特殊人才加以任用。三府原先擔憂的是這樣的特殊人才進不了朝廷，但若我們保留特殊進用管道，也就不用擔心選不上來。」曹丕最後採用了華歆的意見（以上見《三國志‧魏書‧鍾繇、華歆、王朗傳》）。

因為華歆多將俸祿和賞賜送給親戚故人，雖然後期在東漢及曹魏朝廷出任高職，但家境清貧，身後也沒有甚麼財產留給後人。

◆無欲無求、身無長物

華歆因視富貴如浮雲，既無所求，即無所爭，所以得到多疑的曹丕充分信任。而他廣散家財，也為他贏得名聲跟士人家族的支持。做為執法人員，警察最忌有非分之想；不做非分之想，才能避免有心人有可趁之機、有意無意違法亂紀。除了警察自身對品操的要求與自覺外，有時也需要外部的約束和監督力量。

為了改變警察普遍存在害怕違法亂紀情事曝光的心態，正面迎向外界的問責，臺灣警政署曾在二〇〇六年推行「靖紀專案」。「靖紀專案」主要依據警政署頒《端正警察風紀實施要點》與《端正警察風紀作業規定》，但在風紀預防查處作為與獎懲規定二個方面卻不同於過去，其最終目的有二，一是創造出公平合理的競爭平臺，排除可能的投機；一是激發出良善的聲音，壓制墮落的警界舊習。謝志敏（二〇〇四）指出該專案的執行重點為：

其一、從以往的習於隱惡改為主動揭露。「靖紀專案」的設計，著眼在改變警察的組織文化，而非僅是應付一時的需要或危機，為了讓外界瞭解本專案是為了改變警察自身的心態與文化。警察是一個大團體，難免良莠不齊，與其掩蓋少數敗壞的事實，不如主動糾舉出來，坦然公諸於世。為了使各級警察主官及督察主管真正發揮自清自律的精神，乃律定只要有相當的事由，就必須將轄下有違法犯罪之虞、嚴重傷害警察形象的員警同仁名單主動向上提報。

其二、以偵查重大刑案的規模查處風紀案件。過去警察強調預防重於偵查的做法，但在風紀問題上，反而偏廢主動糾察不法的積極作為，因而導致遮掩與縱容的風氣。所以「靖紀專案」捨棄以往輔導訪視等工作，對於違法風紀案件的查處偵辦，採取比照重大刑案偵辦的模式與最新技術，只要有相當事由，就向檢察官聲請監聽、進行跟監，採取全面監控措施，務必儘早將警察團隊中少數的害群之馬繩之以法。

其三、正視幹部養成的品操要求與究責。主官以及各級幹部的作為，絕對影響一個單位的風紀。因此「靖紀專案」短期間除了針對不適任的幹部與員警外，長期的目標則是讓真正合格適任的優秀同仁能加速的遞補到適當的主官（管）位置。所以就該專案而言，特別提高標準，加重主官與督察主管管教查察的連帶責任，據此考核幹部的能力是否足以管理並教化下屬。

警政小常識

「靖紀專案」具體做法如下：

其一、精進法紀教育宣導

一、每週根據報章媒體等輿論報導之警察優良事蹟或風紀案件，編製法紀教材供各級主官（管）利用週報、月報、主管會報、勤前教育等時機，宣導案例及風紀要求，表達整飭決心。

二、每週召開督察人員會議，檢討風紀現況、防處措施，並與單位督察主官（管）交換意見，解決問題，藉以精進端正風紀作為。

三、由督察單位根據警政署頒之風紀案例教材，逐級檢討各級勤、業務單位，有否存在相同問題，立即謀求改善外，並提示正確法令及作業程序，函頒各下級單位借鏡參考。

其二、強化內部管理，維護優良警紀

一、各單位主官（管）及督察人員實施走動管理，經常至各單位督（慰）勤時，協助基層發現問題、解決問題，以落實內部管理、激勵士氣。

二、建立各級幹部以身作則，做員警表率之正確觀念。要求幹部對所屬員警的生活、感情、交往、工作等方面均要能悉掌握，除隨時教育、灌輸法紀觀念外，主動瞭解員警各種問題與困擾，發揮愛心、耐心，採取積極有效的考核輔導與防範措施。

華歆為人所稱道者，除了他身居高位卻一貧如洗外，還有他特別注意到當時讀書風氣淪喪，因而提倡朝廷應以經典取士，以改善道德沉淪的現況。今日警界亦多鼓勵在職官警繼續進修讀書。如內政部根據業管《保送現職警察人員進修辦法》，與教育部會商後保送官警至國內外大專院校進修；而要取得更高官等，官警亦要根據《警察人員進修及深造教育實施辦法》取得資格，前去辦法中所規定的教育訓練機關進修深造。

除了依法保送及深造，還有更多官警自行報考國內各大研究所，持續學習新知者。根據二〇〇一年的調查，以警政署為例，在職進修的中高階警官就有數十位。除十三位在中央警察大學就讀研究所，其餘分別就讀於臺大、政大、臺北大學、交通大學、文化大學等校的研究所。單單臺北大學EMPA班上三十名學生中，就有二十位官警。在臺大研究所進修的某位高階警官這麼說：「隨著社會變遷，警察任務也越來越多元，警察大學裡教授的專業科目，已經不足以應付工作所需。從前所學不足、民眾要求的服務品質越來越高，都是需要終身學習的理由。」（蘇岱崙，二〇〇一）

謝安大敵當前鎮定，完勝前秦大軍

一 名臣生平

謝安（A.D.320-385），東晉大臣，陳郡陽夏（今河南太康）人，出身士族，四十餘歲始為官，孝武帝時位至宰相。前秦苻堅率兵百萬進犯，謝安任征討大都督，領兵抗之，獲勝於淝水，帝封為太保，命出鎮廣陵，因病回京而死，追封太傅（參考自《中國工藝美術大辭典》）。

名臣事跡

謝安曾到過臨安山，坐在山上石洞裡，面對著深谷，悠然歎道：「此般情致與伯夷應該無所區別吧！」他又曾與名士孫綽等人泛舟大海之上，沒想到風起浪湧，眾人十分驚恐，只有謝安吟嘯自若。船夫因為謝安正在興頭上，照舊駕船漫遊。之後風浪轉大，謝安才慢慢說：「如此大風，我們將如何返回呢？」船夫聽了謝安的話，才駕船返航。眾人無不欽佩謝安寬宏鎮定的修為。

東晉孝武帝太元八年，苻堅率領著號稱百萬的大軍南下，志在吞滅東晉、統一天下。當時軍情危急，東晉首都建康舉朝震驚，群臣惶恐。可是謝安依舊鎮定自若，以征討大都督的身分主領軍事。謝安先派謝石、謝玄、謝琰和桓伊等率兵八萬前去抵禦。雖然謝玄手下北府兵勇猛過人，但前秦南侵的兵力是東晉的十倍之多，謝玄的心裡難免緊張。所以出發之前，謝玄特別到謝安家去告別，順便請示後續軍事安排。但謝玄看到的謝安，神情泰然，毫無懼色，還從容的回答他：「朝廷已另有安排」，就不再多說什麼。

謝玄見狀不敢再問，只好拜託好友張玄再去請示謝安。等到謝安駕車前去山中別墅，與親朋好友聚會時，才與張玄遇到，兩人一塊兒下圍棋，還賭了這棟山中別墅。謝安平常棋藝本不及張玄，沒想到兵臨城下，張玄心慌，反而輸給了謝安。謝安棋勝，便出外遊玩，到了晚上才回來。這才把謝石、謝玄等將領都召集起來，當面交代軍機大事（以上見《晉書・謝尚、謝安傳》）。

當時桓沖在荊州聽說形勢危急，打算專門撥出三千精兵到建康來保衛首都。但謝安對派來的將士說：「我這兒已經安排好了，你們還是回去加強西面的防守吧！」將士回到荊州告訴桓沖，桓沖聽完更擔心。他對將士說：「謝公的氣度確實叫人欽佩，但他不懂打仗。眼看敵人就要到了，他還那樣悠閒自在。我方兵力既少，又派一些沒戰場經驗的年輕人去指揮。我看我們很快就要兵敗被俘了。」（以上見《晉書・桓沖、桓伊傳》）

但有了謝安的鎮靜與指揮若定，竟然穩住了軍心。同年十一月，謝玄令部將劉牢之率五千兵奇襲苻堅，取得洛澗大捷。十二月，雙方決戰淝水，謝玄、謝琰和桓伊率領晉軍七萬戰勝了苻堅和苻融所統率的前秦十五萬烏合之眾，並在陣上斬了苻融。淝水之戰以晉軍的全面勝利告終。

◆臨危不亂、指揮若定

符堅大軍壓境，兵力遠遠超出東晉，謝安卻能冷靜應對，調度部隊，同時利用符堅大軍腳步未穩，軍中矛盾甚多，予以迎頭痛殺、趁勝追擊，大敗苻堅，還斬了苻融。其實謝安不見得不緊張，只是他深知，惟有冷靜，才能做出最好的決策。

軍事如此，犯罪偵查又何嘗不是？二〇一六年七月某日晚間，臺北一對市民夫婦在第一銀行臺北市古亭分行提款，發現二名外籍男子在提款機前行跡鬼祟，立即報警。二名男子見狀匆忙逃離，只留下ＡＴＭ吐鈔口的六萬元現鈔來不及帶走，在檢警鍥而不捨的追查下，竟破獲一起跨國電腦金融犯罪案，臺灣警方還成為各國治安單位爭相參訪學習的對象。

本案警方計查出犯罪集團係派出俄羅斯、拉脫維亞、羅馬尼亞、愛沙尼亞、澳大利亞籍車手二十二人先後來臺提款，再由拉脫維亞籍的安德魯、羅馬尼亞籍的米海爾以及摩爾多瓦籍的潘可夫來臺負責集中贓款及洗錢。原本嫌犯打算以地下匯兌匯出贓款，卻因手續費十五％太高，想要改採比特幣等方式洗錢時遭逮。

第一銀行盜領案能漂亮偵破，除了民眾的熱心檢舉以及基層員警馬不停蹄的奔波，及時阻止贓款匯出並逮捕車手頭外，最重要的是統整零碎情報，並在混亂的資訊中有所取捨，下達有效指令，才能辦到。

當時負責此案的是任職臺北市刑大的李大隊長。案發之初，關於該集團如何犯案，怎麼分工，專案小組全無頭緒，沒人看好能夠破案；李大隊長身上壓力如千鈞般重，但卻能臨危不亂，指揮若定。由於該集團係從某官股銀行國外分行入侵內網，顯示該銀行內部控管出現問題；為了掩飾問題，該銀行既未即時報警，對於警方的蒐證也多加阻攔。李大隊長判斷銀行無法協助破案，當機立斷，下令部屬向被盜領的某分行調取盜領當下的監視器畫面，再調閱附近街道監視帶，查出車手租車的公司，也取得了車手的證件影本。

李大隊長查閱各種資料，知道自己面對的是國際跨國罪犯，若動作一慢下來，外籍嫌犯就會全跑光，贓款一毛也拿不回來。於是他在偵辦首日就果決的布署十二個偵查隊、派出總共近二百名警力。先是將查到的車手身分向全國公布並列為境管；還在國內的嫌犯因不敢出境而一一在各地被逮。

李大隊長再交叉比對各個車手的活動軌跡，發現他們都是把錢交到臺北車站置物櫃，再由他們也不知道身分的車手頭前來領取。果然後來警方就在此處逮捕前來取款的二名車手頭及大筆贓款；成為同類型犯罪案件中，能破案、能逮捕部分嫌犯還且能追回贓款的全球第一例；各國治安單位知情後莫不感到驚訝，爭相前來臺灣取經（感謝刑事局兩岸科蘇信雄股長提供以上案例原始材料）。

破案之先機，端賴冷靜果決的判斷；民眾身家財產的安全，亦常一瞬間生死離別，更靠官警臨危不亂，審慎應對。二〇一九年清明節前，臺中警察局三和派出所姜警員擔當十至十二時掃墓交通整備勤務，在早上接近中午時分，接獲路過交整崗民眾報案，表示成功嶺前平交道有人臥軌，姜警員立即前往查看。一到現場，發現陳男躺臥鐵軌，由於當時平交道柵欄已放下，火車將要通過平交道。千鈞一髮之際，姜警員立即快速按下阻斷器，並沿鐵軌往新烏日站方向狂奔，向行駛而來的火車示警。由於姜警員處置得宜，當時行經之自強號列車立即啟動緊韌剎車動作，順利在平交道前停下來車來。所幸姜警員臨危不亂，及時擋下該列車，否則除陳男遭火車輾斃外，火車可能因為緊急煞車、輾壓異物而發生危險，造成火車上乘客的生命危害。

經查陳男因掃完墓，思念去世之父親過度，一時情緒不穩，才有臥軌自殺的行為，經姜警員等人帶返所安撫、溝通，並聯絡其親屬到所勸說，陳男才打消輕生念頭。隨後姜警員通報鐵路警察局接手處理後，由家屬帶回。陳男家屬對警方的及時救援深表感激。

同樣是生死一線間，二〇一九年初，三重警分局交通分隊陳警員某日下午騎乘重機巡邏，在三重區中華路、三民街口看見一輛賓士轎車逆向行駛，欲在其停等紅燈時趨前攔查，沒想到賓士車立即加速逃逸，由中華路衝上忠孝橋引道。由於上橋後，在臺北市端可銜接環快、市民高架等路線，四通八達，若讓賓士車闖關成功，尾隨在後的警員恐怕追不上。考量到這裡，陳警員馬上鳴笛並摧緊油門跟上。就在賓士車還沒上橋、行駛在匝道路段時，陳警員發現前面有輛大型預拌混凝土車，於是鑽過車縫，示意混凝土車停下。其實陳警員第一時間想到，自己騎警車，若追逐過程想要攔車，發生碰撞的情況下，不止自己受傷，也會讓對方順利逃脫，所以他急中生智，想利用匝道空間的封閉性來攔住賓士車。果然混凝土車一停，賓士車逃逸無門，加上後方接續進入匝道的車輛堵住退路，賓士車進退不得，只好乖乖就逮。

在陳警員掏槍喝令之下，賓士車上陸續下來三位犯嫌，經清查，三位都有前科，林姓駕駛身上還揹有四條通緝案。警方同時在車上起出改造手槍一把、子彈四顆及毒菸一包。陳警員雖然單槍匹馬，卻能臨危不亂，機敏決斷，一警制服三匪。後來快打部隊也迅速到場支援，順利押解犯嫌歸案。警方偵訊後將三人分別依違反《槍砲彈藥刀械管制條例》及《毒品危害防制條例》、通緝案件移送法辦。因為案發當下，在場有用路人拍照、錄影，事後上傳臉書社團，讚揚陳警員藝高人膽大；陳警員優秀的表現，也為警方

的專業形象大大加分。（「聯合新聞網」，二〇一九）

面對突如其來的災變，官警亦需沉著應變，採取妥善做法，以保護廣大市民。二〇一八年初夏午後，正值下班時間，新北市淡水竹圍地區突然發生大規模停電。因正值交通尖峰時間，交通號誌全面停擺，車輛在上全都打結。淡水警分局交通分隊及竹圍派出所雖然也受停電之苦，卻即時出動數名警力及義交，前往當地民權路、民族路及民生路口進行交通疏導，讓可能面對一場塞車災難的用路族都能順利的趕回家吃晚飯。警方臨危不亂，調度得宜，獲得眾多市民的一致好評。還有不少網友在「細說淡水」粉絲團發文感謝警察。

竹圍派出所陳副所長表示，停電時派出所勤務運作也受到影響，但考量正值下班時間，外頭交通流量大，立即先請同仁先到各路口指揮交通。尤其轄內民權路、民生路及民族路口為多時相的三叉路口，往來的車流量特別大，遇上大停電的當下，交通馬上停擺，加上多數民眾要從竹圍捷運站出站，必須穿越馬路，其間可能出現傷亡事故。於是陳副所長立即增派警察、義交的加強指揮，疏導交通，避免出現交通癱瘓及事故發生。經初步調查，臺電表示，為變電所開關故障所致，所幸經過搶修後，於一個多鐘後恢復供電。（《中時電子報》，二〇一八）

元澄留心吏事軍政，開倉大賑流民

一 名臣生平

元澄（A.D.467-519），北魏宗室，孝文帝堂叔。襲封任城王。初為征北將軍，出討柔然。又任梁州刺史，使氐、羌款順。轉徐州刺史，以功遷中書令，改授尚書令。及帝遷都洛陽，以兼右仆射留守平城，弭平恒州刺史穆泰之叛。宣武帝時為顧命大臣，尚書令高肇專權時，恐受其害而不仕，後幼帝繼位，臨危受尚書令，有治績（參考自《中國歷史大辭典》上卷）。

一 名臣事跡

北魏宣武帝親舅高肇擅權，由於出身高麗，高肇十分嫉恨皇族中聲望特高之人，身居高位的元澄首當其衝。為了避禍，被提拔為太子太保的他不得不終日酣飲，佯狂以讓外人誤以為他荒靡、不成大事。延昌四年一月，宣武帝病卒。繼位的孝明帝年歲尚幼，領軍于忠、侍中崔光等便建議讓素有聲望的元澄擔任尚書令，於是元澄再度擔任國家要職。

由於孝明帝元詡即位時只有五歲，他的母親胡氏在宗室諸王擁戴下臨朝聽政，她就是北魏歷史上著名的「靈太后」。靈太后擅權不久便專權獨斷。作為一朝宰相的元澄此時雖無力回天，卻仍然殫精竭慮，在各個方面進行了改革。首先他針對宣武帝正始末年百官普升一級，但刺史、郡守、縣令卻不能享受此待遇一事向靈太后提出異議，誰料太后聽了之後表現出不耐煩的樣子。可元澄並不善罷甘休，再次奏明太后，強調作為君主，應善於納諫，施政若有失誤，應及時糾正。

當時四中郎將兵少力寡，沒有能力捍衛京師，於是元澄建議以東中郎將帶管滎陽郡，南中郎將帶管魯陽郡，西中郎將帶管恆農郡，北中郎將帶管河內郡，並選二品或三品中賢能穩重的官員擔任四個中郎將，不到危急不輕易出兵，並配賦強兵。雖然靈太后一開始認為建議不錯，但後來因為反對者的阻撓，對保衛中樞有利的做法又被擱置下來，雖然元澄後來又再三請求，但最終此一建議仍未得實施。

當時四方戰事此起彼落，流亡到北魏邊鎮的百姓越來越多。因戰爭而流亡，他們連衣食都沒有，很多人死於饑寒交迫。元澄愛民如子，一知道邊境有這麼多待援的百姓，立即報告朝廷，由中央撥給他們一年的糧食，讓他們可以安頓下來（以上見《魏書・景穆十二王列傳第七中》）。元澄此舉，為北魏贏得不少民心，發揮了穩固北魏政權的作用。

◆體察民瘼、穩定政局

元澄擇善固執，不畏靈太后壓力，堅持改革；四方戰事不歇，邊境流民日多，元澄愛民如子，特別注意，給與慰撫，為北魏賺得民心。警察人員既是「帶槍的文官」，又是「人民的保母」。執行業務，第一線應對民眾，與民眾的生活也息息相關。由於外勤警察處理民眾糾紛跟生活問題占工作量極大比例，瞭解到的社會黑暗面多，接觸到的弱勢人士自然不少。

面對弱勢，在國家制度可以介入的情況下，承辦的員警往往第一時間轉介社工或社會福利機構進行救援。如：

二〇一七年，嘉義市政府警察局第一分局竹園派出所員警執行夜間巡邏勤務時，獲報轄區內的臺中榮民總醫院嘉義分院內有一位老婦人呆坐在醫院候診室內，時間之長，已經超過門診時間。線上員警獲報後迅速趕赴到場關心。員警進入醫院候診室大廳查看，發現有一名頭髮蒼白的老婦人獨坐在醫院候診室的椅子上，因為時間已經接近晚餐時間，員警研判老婦人應該坐了有些時候，經細心向老婦人詢問，只見老婦人不斷回答：「兒子把我忘在醫院了！」後來員警向醫院人員探詢，才知道當日下午老婦人是由其兒子帶來醫院看病就診的。但是一直到傍晚，老婦人還是等不到兒子來接他回家。在場員警只能先將老婦人暫時載到派出所查證身分。經員警透過警政資訊系統查詢比對，終於查出老婦人的正確身分，也連絡到老婦人兒子前來派出所。原來老婦人與其兒子平時流浪各地，居無定所。當天因為老婦人身體不舒服，便由其兒子陪同就醫，沒想到老婦人兒子患有輕微精神障礙，當日於將母親帶到醫院就診後就忘了母親還在醫院，才會讓老婦人一直呆坐在醫院候診室大廳。所幸醫院人員發現不對，報請警方及時到場處理。有鑑於其母子兩人生活困難，員警將此個案轉介市府社會處，請社工人員協助。兩人得知後都對員警表示感謝。（「嘉義市政府」網站，二〇一七）

又如二〇一九年，屏東縣里港警分局霧臺分駐所麥警員甫接任霧臺鄉大武村勤區不久，便深入警勤區實際瞭解困苦居民的需求。經他瞭解，目前居住於該地的居民多外流到異地工作，只剩下幾位較年長者及送回故鄉交由長輩扶養的孩童。於是麥警員即利用勤區查察時主動了解部落居民的需要。溫所長知道麥警員在進行勤區弱勢家庭調查後，主動帶領麥警員與當地歐村長發放善心人士所提供物資米、油、麵條及衣物等物資，給急需要的年長者及家庭；當地居民皆深表感謝。（《屏東時報》，二〇一九）

但如礙於制度，社工無法進入個案，或社會福利機構難以救援的，又或者時間緊急，第一時間無法尋求適當資源挹注的，很多時候，員警會自掏腰包，見機援助。因警察勤務特殊，更多時候是這種救急如救火的情況。

像是二〇一五年，正當炎熱的仲夏午後，一名婦女走進臺中市政府警察局第五分局水湳派出所請求提供飲水，值班的王警員馬上取杯至飲水機裝滿冰開水給婦人飲用止渴。沒想到婦女乾完一大杯後要求再續杯，前後一連喝了五大杯。婦人奇異的舉動，引起王警員的好奇。原來婦人本住苗栗市，後來到臺中市求職。因長期在某卡拉OK店擔任服務員，工作需要大量飲酒，工作數年後腎臟發生病變。因病離職後找不到正職，只好滯留在臺中，成為街友。原本婦人身體狀況不佳，難找工作，所以每日三餐都固定至南京路公園領取社會局發放的便當，晚上則在公園或騎樓過夜。不料當日因睡過頭，來不及領取社會居發放的食物，只好四處亂逛。在途經水滴派出所時，因為天氣高溫炎熱，加上極度飢餓，於是進入派出所要來大量的冰水，解渴之餘也希望順便減少一點飢餓感。原本站在值班臺旁的李巡佐聽聞此事後，自費拿二百塊給婦人購買食物，眼眶泛紅的婦人除了一再感謝員警的幫忙外，也表示未來找到工作，一定會回來還錢。

（「雅虎新聞網」，二〇一五）

又如二〇一六年，家住花蓮縣豐濱鄉的許姓老翁，某日由花蓮市搭車返家，途中不慎錯過站牌，直到位於臺東縣成功鎮的終點站才發現自己睡過頭，身無分文的他一下車，便去求助當地派出所員警。員警聽聞老翁的情況便自掏腰包買了便當、飲料供他暫時果腹，最後終於讓許姓老翁順利回家。原來許老翁自己一人獨居花蓮縣豐濱鄉，沒有任何親人在身邊，平時都靠低收入戶金以維持生活。當天許老翁到花蓮訪友，回程搭公車，沒想到過於疲累，一覺不醒。直到公車回到終點站，司機叫醒許老翁，他才發現坐過頭。坐車坐到成功鎮的許老翁身無分文，只好到派出所求援。許老翁一進派出所，便對值班員警表示自己已經一整天沒有吃飯，值班的施警員於是自掏腰包，外叫了一份便當、飲料暫時應急，隨後成功向鎮公所申請到小額交通費與用餐費，讓許老翁搭上返家公車。（「臺東縣政府」網站，二〇一六）

再如二〇一八年，嘉義市政府警察局第二分局南門派出所陳警員及何警員某日擔服值班勤務時，突然有一名男子至派出所服務臺詢問警方能否借他一件雨衣。男子向警方表示自己剛剛從醫院看完診，在徒步返家途中突遇滂沱大雨，因看診時已經花光身上的錢，身體又濕又冷，不得不向警方請求協助。原來該名男子係獨自一人前去嘉義基督教醫院看診，不料步出醫院，在徒步返家時遭遇大雨，因身上錢因為看病已經全花光，無法搭乘大眾運輸工具，且當時家人無一在家，自己又濕又冷又累，才會到派出所尋求警方的協助。值班的兩位員警看到男子冷得發抖，相當同情，於是立即自掏腰包到附近的商店買輕便雨衣供男子使用，並提醒男子注意路況，安全回家。（「嘉義市政府」網站，二〇一八）

狄仁傑抗庭武則天，堅再薦張柬之

一 名臣生平

狄仁傑（A.D.630-700），唐代、武周時期大臣，并州太原（今山西太原）人。歷任大理丞、度支郎中，寧州及豫州刺史等職。後官至地官侍郎同鳳閣鸞臺平章事。因遭來俊臣陷害入獄，後復相，出任河北道元帥、河北道安撫大使等，卒封梁國公。狄仁傑施政強調以人事為本（參考自《諸子百家大辭典》）。

名臣事跡

武周通天元年，契丹首領孫萬榮作亂，攻陷冀州，一時之間河北震動。武則天為了穩定局勢，起用狄仁傑為魏州刺史。當時，前任刺史為了抵禦契丹，盡趨百姓入城，還修繕守城器具，準備長期抗戰。但狄仁傑到任後，卻讓百姓返回田野耕作。契丹首領孫萬榮聽聞賢人狄仁傑被起用，便不戰而退。魏州百姓見敵人引兵而去，避免了一場戰禍，爭相為狄仁傑立碑頌德。不久，狄仁傑調任幽州都督，還獲朝廷賞賜紫袍、龜帶。武則天還在紫袍上題字，以表彰狄仁傑的忠誠。

武周神功元年，狄仁傑再次拜相，擔任鸞臺侍郎、同鳳閣鸞臺平章事，加授銀青光祿大夫。當時朝廷強徵百姓戍守安西四鎮，民間怨聲載道。狄仁傑為此上表勸諫，又建議廢除安東都護府，復立高氏為高句麗君主，暫停江南糧草運輸，撫慰河北百姓。他的建議雖然未被朝廷採納，但卻得到了有識之士的贊同。不久，狄仁傑又代理納言之職，兼任右肅政臺御史大夫。

武周聖曆元年，突厥南下騷擾河北，劫掠百姓萬餘人。武則天任命狄仁傑為河北道行軍元帥，征討突厥，並許以便宜行事之權。突厥軍殺盡俘虜，由五回道退回漠北。狄仁傑率十萬大軍追擊，但未能追上，只得退回河北。武則天又任命狄仁傑為河北道安撫大使，讓他安撫河北。當時，河北百姓多被突厥脅從，在突厥退軍後害怕受到牽連，紛紛逃匿。狄仁傑奏明朝廷，赦免河北諸州百姓，成功勸回他們返鄉投入生產（以上見《舊唐書・狄仁傑、王方慶、姚璹列傳》）。

武則天曾問狄仁傑：「朕希望能找到一位傑出的人才，委以宰相重任，您看誰比較合適？」狄仁傑答道：「如果您所要的是文采風流的人才，那麼宰臣李嶠、蘇味道便是最合適的人選。但您若一定要找出類拔萃的奇才，那就只有荊州長史張柬之了。張柬之年紀雖大，卻是能當宰相的人才。」武則天於是便提拔張柬之為洛州司馬。後來，武則天又讓狄仁傑舉薦人才。狄仁傑回道：「臣之前推薦的張柬之，您都還沒有重用呢！」武則天道：「我已經給他升了官。」狄仁傑道：「我所推薦的張柬之是可以作宰相的人才，不是用來擔任司馬的。」武則天於是任命張柬之為秋官侍郎，不久又拜其為宰相（以上見《資治通鑑》卷二〇七）。

◆擇善固執、為國舉才

武則天女后登基，為鞏固政權，高壓統治。在此氛圍下，狄仁傑卻敢屢犯鳳顏，堅持推薦自己認為有利國家的人才。這讓筆者想到二〇一六年四月十六日辭世，有「警界才子」、「警察儒將」美譽的警政署顏前署長。顏前署長長達四十六年警察生涯，從基層警員開始，一路做到臺北市警察局長、中央警察大學校長，並在即將退休前出任警政署長，為臺灣警史中僅有。他早期堅持警察教育改制與對警政制度的建言，用意在為國留才，減少警察紀律問題，但其推行卻受到很大阻礙，至今未能實現，今其舊文在身後又被開始大量轉載——〈人可以沒有機會，但不能沒有希望〉（見「臺灣警察工作權益推動協會」二〇一四年分享舊文）。文中處處可見顏前署長擇善固執，意欲培訓、擢用人才，以為國用之用心。

細究之，顏文有幾個重點：

其一、應暢通臺灣警察的升遷管道

顏前署長提到警察制度當中有一個很重要的問題是「組織結構與職位分配」，這牽涉到員警的升遷順序。臺灣從來沒有人去計算過員警的升遷速度。但以他觀察到的鄰國日本為例，大約不超過五年就會檢討一次。考察重點放在員警的年齡、退休階層等。所以警察的階級結構每隔幾年就會彈性調整一次，從最初的金字塔型、臺階型、最後是現在的吊鐘型。吊鐘型在日本就是一個警員（巡查）配一個巡佐（巡查部長），一個巡佐就一個巡官（警部補）；這三層的員額大約相當，如此設計即為基層警察開闢了一條平坦而寬廣的升遷道路。當然有人會懷疑，設置這麼多巡官，有這麼多職位給他們嗎？

在日本，警員升巡佐乃至巡官後，還是可以擔任原來的工作，並不影響基層警察的職位功能。但每一階段的階級提升，代表待遇增加；在日本，階級之間的待遇落差很大，所以升遷不止代表榮耀，也意味著薪金的大幅增加，這對基層警察來說具有高度的鼓舞效果。待遇好，自然不容易出現警紀問題，所以日本基層警察士氣高、紀律好。反觀臺灣的基層員警好像看不到明天。在一個前途無望的工作環境，要讓他規規矩矩做事、潔身自愛，還要保持高昂的士氣、嚴整的紀律，無異是緣木求魚。顏前署長分析，今天臺灣警察的問題幾乎在基層，而非中上層的領導幹部。所以給他們希望、給他們順暢的升遷管道，鼓舞其士氣是很重要的一件事。

其二、應消弭臺灣警界官警待遇不同的鴻構

顏文指出臺灣的警察制度在巡佐與巡官之間劃了一道鴻溝。這是因為警察大學培養出來的學生通過特考即擔任巡官，成為領導幹部，但是這些幹部再優秀都沒有用，因為巡官以上的職位，在全國警察人員中，僅占百分之十四・四七，與民眾多半沒什麼接觸。反之處理民眾疑難雜症的是占大多數的基層員警。因而想靠現行制度（中央警察大學畢業任官任領導職，基層員警不容易有此機會）去贏得民眾的尊敬、信賴與支持，有其困難。

目前警察大學畢業通過特考即派任巡官，沒多久就擔任基層主管，但他們對基層警察實際工作情況一竅不通，甚或被基層警員蒙在鼓裡。顏前署長認為警察的實際工作在基層，其地位與角色功能應受高度重視，所以培養一個幹部，必須有警察基層的實務經驗，再加上學術的基礎，才能成為健全的警察領導幹部。因而顏前署長生前一再提倡中央警察大學和警察專科學校兩校合併，所有的人畢業以後從基層警察做起，視績效再決定能否升遷。

其三、警政教育應視實務及人事升遷量身訂作

在具體的教育制度方面，顏前署長觀察美國的警察學校，在警察局下面有一個教育科專責設計完善的課程。警察學校真正負責訓練的只有三至五個人。原來美國是根據人事制度的規劃，來設計它的教育制度，升職教育和人事升遷配合。在臺灣則完全相反，教育制度完全比照軍中制度，然後再設計人事制度，軍中就是軍官學校畢業即為少尉，士官學校畢業則為下士，兩個階層互不連結，警官學校、警察學校即是如此比照辦理，造成兩校畢業者有官、警之分。但臺灣《警察人員管理條例》規定，警察是採官職分立，官受保障，職得調任，其官等為警監、警正、警佐。從署長至警員是職，而凡任職巡佐、警員者，官等為警佐，已無官與警之分，可見臺灣警察教育制度與人事制度是脫鉤的。

在美國，警察雖然有不同的階級和職位，但統稱為警官，大部分的郡警察局到現在還是延用西部的稱呼稱為警長。顏前署長回憶他有一年到洛杉磯郡訪問時，一個警員二十幾歲，自稱擔任副警長，原來只要進到警察局，每個階層都可以稱為副警長；這個副警長職稱是給每個人榮譽感，提高基層員警榮譽感及社會地位後，素質就會隨著提升。

于敏中強記總四庫，全書細心批校

一 名臣生平

于敏中（A.D.1714-1779），清代大臣，江蘇金壇（今江蘇金壇）人。乾隆年間進士，授修撰。歷任山東與浙江學政、內閣學士、兵部侍郎、刑部侍郎、戶部侍郎，累官至文華殿大學士兼戶部尚書。在軍機大臣處近二〇年，因才思文敏，廷諭多出其手（參考自《中外歷史人物詞典》、《中國歷史人物辭典》）。

一 名臣事跡

于敏中年紀比乾隆帝小三歲，任官正當乾隆帝盛年。因為于敏中行事作風小心低調，不論大事小事都是奉旨而行，從不節外生枝、自行其是，所以乾隆帝特別喜歡他。乾隆二十五年十月，授于敏中為軍機大臣，于敏中自此直接參與國家機要大事。

乾隆帝為文賦詩，常是即興而為，隨口吟出，並不刪刪改改。只要每次皇帝吟誦，于敏中便默記於心，事後再謄抄下來，一字不差。某早，于敏中隨乾隆帝遊幸御花園，乾隆一時心血來潮，賦詩七首、為文七篇。當天夜裡，乾隆就收到于敏中默背謄下的文件。乾隆欣賞之餘，對于敏中更加倚重。

乾隆三十一年，梁瑤峰進入軍機處，他與于敏中的分工是：梁瑤峰主掌詩文，于敏中主掌國家政務。某日，皇帝召于敏中和梁瑤峰入宮，又一時興起，吟誦了一段詩文。于敏中見狀，趕緊給梁瑤峰打暗號，但梁瑤峰完全不知于敏中擠眉弄眼的用意。等到兩人退出殿外，于敏中見梁瑤峰好久都沒將詩文謄寫出來上呈，便問梁瑤峰剛剛皇上吟誦的詩文謄寫完畢否？梁瑤峰這時才發現大事不妙。于敏中言道：「我以為你是主管聖上詩文的，因此聖上在吟誦時，老夫便不再默記。現下這情況，又該如何是好呢？」梁瑤峰聽罷感到萬分慚愧，答不上話來。于敏中又言道：「讓老夫幫你試回想一下吧！」于敏中便默默地一個人坐著回想，就這樣靠著他強記的天份，默背下來的詩文竟然只錯了一個字。

乾隆三十七年，安徽學政朱筠上疏〈開館校書摺〉，奏請搜輯《永樂大典》中的佚書。可是內閣大學士劉統勳認為這並非國家重要政務，不必商議。但于敏中對此奏議則深深讚賞，認為朱筠的建議合於大清朝文治天下的大方針，應該加以採納。乾隆皇亦表示同意，隨即下詔開設四庫全書館，並命于敏中為《四庫全書》正總裁，主持其事。

于敏中在辦理其他軍政大事之外，精神全放到《四庫全書》的編纂工作上。從分別部類、確定體例，到制定取捨標準及編纂規則，于敏中都用心規劃。當朝廷向全國徵集圖書時，于敏中還親自進獻珍本圖書十七種。總理《四庫全書》的編纂工作，是于敏中為官一生最大的貢獻之一（以上見《清史稿・于敏中、和珅弟和琳、蘇凌阿列傳》）。

◆留心小事、仔細負責

于敏中博學強記，可謂乾隆皇的行動錄音機；就算為乾隆皇記錄詩文的工作已經交接，于敏中仍然留心此事，給梁瑤峰的失誤做了保全。後來主編《四庫全書》，于敏中亦用心規劃，細心審閱。治安人員承辦業務，亦最要細心謹慎；在偵辦案件，過濾案發現場各種關鍵跡證時尤其如此。

二〇一五年北臺灣曾發生一樁幾無破案線索的銀樓搶劫案。某日呂嫌因網路簽賭，欠下鉅債，為免債主追索施壓，於是計劃搶劫銀樓還債。透過新聞，呂嫌對警方偵查案件技巧略有所知，知道若是騎乘自己的機車犯案，很快地便會被警方鎖定，於是他先竊取一臺代步用的機車，再騎著贓車到新新北市五股區尋找下手目標。

當呂嫌鎖定凌雲路上某間銀樓後，便佯裝客人，上門向店家謊稱欲購買金飾，再藉口店家拿出供他選擇的樣式他都不甚滿意，讓店家取出更多金飾供其挑選。等到店家不注意時，呂嫌徒手將店家放置於櫃檯上供犯其挑選的所有金飾一掃而空，再奪門而出，迅速騎上贓車揚長而去。由於事發突然，店家反應不及，只能徒呼負負。事後經清點財物損失，發現一共遭歹徒搶走五十四條金項鍊，合計約值新臺幣一百二十萬元。

警方接獲店家報案後，立即前往現場進行採證。在地毯式的採證時，發現案發現場遺留一顆造型獨特、表面鑲有方形水鑽的鈕扣。由於店家並未販賣相關商品，警方第一時間判斷是呂嫌搶劫過程中不慎嫌遺留現場。為了確認推理結論正確，警方馬上調閱店內監視器畫面，果然發現呂嫌在逃離現場時，襯衫鈕扣不慎勾到店內高腳椅後脫落。所以現場搜證取得的鈕扣，確定係犯嫌所有。

同時間，警方從警政資料庫裡初步整理出數十名與影響中搶匪長相相近的治安顧慮人口照片，提供店家指認；當然呂嫌的照片也在其中。惜因事發突然，被害店家來不及記清呂嫌面貌，但店家對犯嫌容貌的模糊敘述，已經幫助警方大大縮小調查範圍。

為了發展鈕扣證據的最強破案作用，警方一一耐著性子，調閱這些疑犯過去的犯案資料，同時上網尋找蛛絲馬跡，查詢這些嫌疑人的臉書等等社群帳號，以及他們上傳到社群網站的照片。眼尖的警方發現呂嫌個人臉書中有幾張照片，他身穿黑白格紋襯衫，而且穿此衣服拍攝的照片不少，顯見這件衣服是他最愛的穿著。接著警方再比對這件衣服與店家監視器拍到的嫌犯服飾，發現竟然一模一樣。

有如中了大獎的警方持續利用呂嫌上傳網路照片跟店家監視器畫面。因為呂嫌上傳社群的照片，解晰度比店家監視器畫面來得清楚，警方下載照片後利用高階的圖像處理軟體予以放大強化，看到呂嫌所愛的襯衫鈕扣與掉落現場被搜證到的鈕扣一模一樣，幾乎可以確定呂嫌就是搶劫犯。

雖然警方已經鎖定最有可能的犯罪嫌疑人，但並不知道呂嫌現在何處。於是警方以受害店家地點為中心，針對呂嫌犯案前後可能行經的路線，沿線調閱監視器畫面，最終發現呂嫌預先在新北市新莊區以步行方式隨機竊取機車後，才騎往犯案地點行搶。等到行搶得手後，呂嫌便騎乘贓車到新北市蘆洲區棄置，再於棄置地點攔停計程車前往新北市淡水區竹圍捷運站前下車。

因竹圍捷運站附近較為熱鬧，往來行人眾多，因此在犯嫌下車後，身影隨即消失在人群當中。為此警方一時感到一籌莫展。所幸竹圍捷運站附近有不少店家均裝有監視器。警方花了將近一個星期的時間，調閱附近商家近百支監視器畫面，再交由專案小組過濾重複的畫面並細心比對犯嫌特徵，終於發現呂嫌離開捷運站後的動線：原來呂嫌出站後，為了甩掉警方的追跡，先以步行方式在附近繞了一大圈，才又再度攔停另一部計程車後前往他處，繼續逃逸。警方得知計程車的離開路線，便接著持續調閱沿途監視器畫面，一路追蹤，終於找到呂嫌係搭乘第二部計程車回到友人租屋處藏匿。得知呂嫌的藏身之處，警方安排以優勢警力佈署在該藏匿地點，最後趁其不備，順利逮捕呂嫌（感謝中央警察大學二技八十四期徐志成同學提供以上案例原始材料）。

再如二〇一三年四月某日高鐵北上列車上，乘客回報女廁裡有二個大大行李箱傳出刺鼻汽油味，警方獲報到場研判行李箱有爆裂可能，當列車抵達桃園站時立即疏散所有乘客，刑事局緊急出動防爆小組全付武裝上陣，用X光機掃描後，發現行李箱內各裝了一個塑膠汽油桶，擔心現場引爆，可能危急高鐵站的安全，最後評估由防爆小組隊員現場拆解炸彈。

平安拆彈後，本以為危機暫時解除，但三小時後，盧前立委在新北市土城服務處外也出現二個不明行李箱，由於服務處緊鄰加油站，加上高鐵才剛傳出炸彈威脅，防爆小組立即到場著手拆除炸彈，送交刑事局鑑識中心做分析。刑事局鑑識中心以毒物分析三件行李後發現，箱內所裝白色顆粒竟是氰化物，行李箱一旦在臺北車站爆炸，氰化物和鹽酸混合後將產生劇毒，爆炸加上毒氣，車站內四至五萬人都無法倖免於難。

二起案件手法相似，如此凶狠的歹徒究竟是誰？監視器拍到，有名男子穿著警察制服，推著二個行李箱放在盧前立委服務處門口，另一方面在高鐵車站也從監視器畫面過濾出放置行李箱歹徒的影像。進一步從他們作案用的休旅車追查，發現歹徒犯案後將車停到桃園機場附近。警方以車牌追人，鎖定家住臺南的一對賴姓兄弟，追查發現賴姓車主是被以三萬塊收買用來過戶車輛的人頭。不過刑事局鑑識人員仍然從車上找到線索，同時也在炸彈行李箱上採集到關鍵證據，因而鎖定胡嫌、朱嫌。

鑑識人員發現行李上頭貼著好多的紙條，上面有的寫著「關聖帝君千秋」，有的是馬前總統的列印簽名檔。鑑識人員仔細從上面的碳粉分布，竟然看出了一張破案地圖。從「關聖帝君千秋」、馬前總統的簽名這九個字再做進一步分析，仔細檢視碳粉分布狀況，鑑識人員發現馬前總統簽名三個字列印出來時沾有雜點，反覆比對胡嫌、朱嫌電腦中找到的圖檔，不論是雜點分布或碳粉顏色深淺，嫌犯電腦中的圖檔都跟行李箱上紙條的字完全相符。

專案小組追查胡嫌、朱嫌下落，發現他們已經潛逃到大陸，於是透過兩岸共同合作打擊犯罪機制，掌握其行蹤，並迅速在深圳逮人。兩名嫌犯被押解回臺，警方也在主嫌胡嫌臺南家中查獲汽油、鹽酸、瓦斯罐等證物。胡嫌身為執業律師，熟知如何與檢警進行偵查攻防，不但一直矢口否認犯行，還裝瘋賣傻，所幸鑑識人員抽絲剝繭，一一原還犯罪細節，包括胡嫌家中試印後被其撕碎的字條，藉由光譜影像比對儀比對拼合後，和行李箱上的字條一模一樣，這才讓胡嫌認罪。

原來胡嫌以十萬元的高價，找來平時以開計程車為業的朱嫌合作犯案，用意在製造社會恐慌，影響國內股市，讓他放空的單子可以獲利；兩人雖然計劃縝密，好在犯案時頻頻出錯，才讓高鐵列車平安到站，沒有釀成更巨大的傷害（感謝刑事局兩岸科蘇信雄股長提供以上案例原始材料）。

第二部

歷代名臣智慧與治安組織管理

李斯改封國為郡縣，集中秦王權力

名臣生平

李斯（B.C.284-208），秦代大臣，楚上蔡（今河南上蔡西南）人。年輕時就學於荀子，戰國末入秦，初為呂不韋舍人，後被秦王政任為客卿。秦王政稱帝未久，李斯由廷尉升為丞相，後與趙高謀死太子扶蘇，佐胡亥即位秦皇二世；未久受趙高陷害而死（參考自《中華人物史鑑》第一卷）。

名臣事跡

秦統一天下後，丞相王綰等人進言說：「諸侯新敗，而燕、齊、楚距離秦國太遠，如果不在當地設王統治，就無法鎮住那裡的反對勢力。在此請立諸公子為王，期盼皇上恩准。」秦始皇聽完，覺得這提議有點意思，便要求群臣商議。大部分臣僚都認為在燕、齊、楚封立公子為王是有利的。

可是時任廷尉的李斯表示不可，他說：「周朝文王、武王得天下後，分封了很多子弟和同姓宗親，可是時間久了之後，他們的後代卻疏遠了，甚至有如仇人那般互相攻戰；諸侯之間彼此征伐，就連周天子也無法阻止。現在天下靠您的神威取得統一，只要將取得的領地劃分成郡縣，由中央管理，對於諸公子和功臣，則用公家課得的賦稅來重賞，這樣天下局勢便容易控制。制度要設計得讓天下人沒有異心，這才是使天下安定的好設想啊！設置諸侯是沒有這種好處的。」

秦始皇聽完答道：「從前，天下人都苦於連年爭戰，就是因為有這些諸侯的關係。現在我仰仗祖宗的神靈統一天下，天下才剛剛安定。如果又重蹈設立諸侯國的缺失，這有如埋下戰爭的禍根卻又想要天下太平，豈不太難了？我想廷尉說得有理。」於是秦始皇採納李斯的建議，並未封立諸侯，而是把全國分為三十六郡。在每郡之下設置郡守、郡尉、監察御史等，分別掌管一郡的行政、軍事、監察職務，職能上也互相牽制。不久，李斯亦取代王綰成為秦朝丞相。

秦始皇三十四年，秦皇在咸陽宮設宴款待群臣，席間，博士僕射周青臣等人歌頌秦始皇的武功蓋世。但齊人淳于越卻勸諫道：「我聽說殷商和周朝統治時間加起來長達一千多年，就是靠分封子弟及功臣，讓這些諸侯做膀臂輔翼。而現在陛下您雖一統天下，但宗室子弟卻還只是平民百姓，一旦出現了像田常、六卿奪權篡位的禍患，朝中又沒有強而有力的輔佐之臣為皇室出聲，到時候靠誰來相救呢？治理國家不向古人及國祚長久的朝代學習，這種事我還沒有聽說過。現在周青臣等人又當面阿諛奉承您，讓您錯上加錯，可見他們不是忠臣。」秦始皇把淳于越的說法轉告李斯，李斯認為淳于越的論點實在荒謬，於是上書說：「以前天下之所以分裂，就是因為諸侯們群起爭霸。凡是講話一提到古人、古代就是好的，這樣只會害到今人。大家都說自己的看法是對的，並用來非議皇上的做法，誰知道皇上已經統一天下，所有定立下來的制度，都是嶄新且適應當代的。這些學習古代學問的人每每看到皇上您定下的規矩，於公於私大肆批評，還自以為高明。如果不禁止這樣的風氣，皇上您的威嚴只會愈來愈得不到尊重，而自以為是的人只會愈來愈多。所以我建議，將《詩》、《書》以及諸子學說全部焚毀。此令一頒，三十日內若不執行，就黥刑為城旦。至於與醫藥、卜筮、園藝有關的書則還可以保留。如果有人想要學習知識，就讓他們去拜法吏為師吧！」

秦始皇聽完覺得有道理，便批准李斯的建議，沒收了《詩》、《書》和諸子百家的著作，讓人民沒有別的學習管道，也無法再用古代之事來批評當前朝廷，藉以統一了全國的思想言論。秦始皇更修明法制，制定律令。統一文字，在全國各地修建離宮別館，方便巡視及管理地方（以上見《史記・李斯列傳》）。

◆權力集中、令出必行

李斯進入秦國供職，給秦王提出二條意見，讓國力本已強大的秦國更如虎添翼。李斯一是提出廢封國、設郡縣，如此全國各地的權力都收歸中央，再無地方尾大不掉的問題。另外李斯還特別強調秦王要有威嚴；若人人都可質疑秦王，自然不會遵循國家頒布的政令。秦王採用李斯建議，設置郡縣，統一思想，管理天下。

權力集中，事權一體是最理想的狀態，可惜臺灣警政於此尚有許多仍待努力之處。以過時的《警察法》為例，洪文玲（二〇一八）在中華警政研究學會「警政與警察法相關圓桌論壇（五）．警察法之定位與研修方向」的發言提到，臺灣的《警察法》一九五三年公布施行以來，修正數次，主要集中於警察教育機關之中央化，以及因應精省而廢除省級警察機關。至於其他條文，六十年來從未調整，早有不合時宜的地方，像是第二條任務規定如同國家任務般寬泛，更給了其他政府機關將本來危害防止職責推到警察機關頭上的絕佳藉口，造成警察協辦業務凌駕主要業務，警察成為行政機關甚至司法機關的執行人力；第三條則有中央與地方警察事權劃分不清情況。地方警察組織立法權自二〇〇一年已陸續改由地方政府依地方制度法來執行，而不屬中央立法；警察勤務規劃卻未能反映地方社區警政需求；另外還有直轄市警政與縣警衛事項概念不明的問題；第六、十四條警察機關與其他無隸屬機關間之關係，究竟是職務上互相協助補充的關係，還是指揮監督關係？此外，還有應規定卻未明確規定，導致長期紛擾不斷的制度性爭議，像是地方警察首長以及重要警職人事任命權、地方警察人事設備經費之編列支應、偵查犯罪權責與經費歸屬等問題。二十世紀末，臺灣行政組織大幅改造、新機關紛紛設立，地方行政區域重新整併，六都成立，中央與地方警察組織法配合因應而不斷修正，調整職掌管轄；警察更加注重人權保障與執法正當程序，職權行使要件更加嚴謹；警察的救濟卻沒跟上腳步。上述缺失應加以大幅調整修正外，警察任務範圍的界定、檢警偵查犯罪的主從關係與經費分擔、中央與地方事權分配的明確化等，都有賴未來提高《警察法》之層次位階來加以因應才是。

法律小常識

洪文玲提到警察中央委辦事項與地方自治事項難以區分。林福財（二〇一〇）認為造成如此難分難解的原因，一在《憲法》將國家事務分為中央專屬事項、中央委辦事項與地方自治事項，而未列舉事項。二是「警察制度」、「省警政」、「縣警衛」之實質意涵尚未釐清。《憲法》、《地方制度法》及《警察法》均分別明文規定之制度性警察事務權限區分「省警政」、「縣警衛」，不過，所稱「警察制度」、「省警政」、「縣警衛」之實質意涵究竟如何界定？三是中央與地方未建構「分權合作」的府際夥伴關係及協力關係。四是治安責任與人事任免，並未做到權責相符。五是未立特別的文官制度法，並為地方留住良好治安人才。因此，林福財建議警政事權統一的做法為：

第一、推動地方自治層級改造，進行一條鞭組織檢討。如建構北臺、中臺、南臺三大都會區為目標，在區域發展上，朝向「北北基宜」、「桃竹苗」、「中彰投」、「雲嘉南」、「高屏」、「花東」、「澎金馬」等七個區域推動，取消鄉（鎮、市）自治選舉，鄉（鎮、市）長改由縣長依法派任，並整合各區域跨縣市合作平臺。實現最精簡的組織、高效率、高度競爭力、負責任、反應民意的活力政府。

第二、因應未來「三都七區」國土規劃，妥擬相關配套措施。《地方制度法》規定有關考銓業務事項，不得牴觸中央考銓法規；各權責機關於核定或同意後，應函送考試院備查。但因行政、考試兩院不同調，許多縣市政府依地方制度法實施改制後，卻在陳報考試院銓敘部備查時受阻，導致全國數以萬計的公務人員考績無法核定，進而衍生出晉級、晉俸無法發給，甚至長官的職等比下屬還低等種種亂象。若未來進行「三都七區」國土規劃，相關機關應妥擬相關配套措施，避免類似現象再度重演。

第三、適度擴大縣市政務人員範圍，地方警察局長改為政務人員，地方警察官比照北高擴大授權方式，重要職務外，由地方首長任免：（一）地方警察局長—警察同時兼具地方及國家事務性質，在國家已有國防及海巡機關可以象徵國家主權，雖警察係擁有武器之特殊公務員，然考量治安良窳，與民眾感受有切身關係，亦是縣政重要一環實應讓縣市首長對警察局長有決定權。如將常任文官職位警察局局長改設置為政務職位，政務職位之隨政策決定職位者異動，以落實民主政治和增進政府治理能力。使政府人力可以藉由政策領導，遂行績效管理和人力的最佳組合，進而提供良好的施政環境。（二）地方警察官—除對於重要警職之主要警察官職務，由警政署統一派免外，宜擴大縣市長人事權範圍，以建立權責相符警察人事，實踐人事權之地方分權。

第四、中央與地方人事權之衝突，應中央設定標準，地方再循此標準自行選任即可。

曹參進中央任無為，蕭規全部曹隨

一 名臣生平

曹參（B.C.?-190），漢初名將、大臣，沛（今江蘇沛縣）人。初為縣獄吏。秦末從劉邦起義後，隨劉邦、韓信轉戰各地，屢立戰功，受傷七十餘處，攻下二國、一二二縣，封平陽侯。劉邦稱帝至惠帝初，任齊相國、丞相。蕭何病故，曹參奉命回京代為相（參考自《軍事大辭海》下冊）。

一 名臣事跡

漢惠帝元年，曹參改任齊丞相時，齊國本來甚為富庶，有七十個城。曹參一到任，就希望能將此處有效管理，因而到處訪求高人賜教。由於齊國本就是儒家大本營，繼承孔子儒學的學者不計其數。曹參尋訪各個儒學派別，但得到的建議卻莫衷一是，一時之間，曹參下不了決定要用哪種管理方式。

後來曹參聽聞膠西有一學者蓋公，所學為黃老治國之術，於是重金尋訪蓋公下落。待請教蓋公時，蓋公認為天下剛經大戰，局勢初定，應該讓人民清靜，不要繁政擾民。曹參聽完覺得有道理，便為蓋公建築別館，做為自己的政治顧問。也因此，曹參治理齊國時大部分均採用黃老之術（以上見《史記・曹相國世家》）。一時之間，齊國大治，全國上下以「賢相」稱曹參（以上見《漢書・蕭何、曹參傳》）。

漢惠帝二年，蕭何病急，臨終前向漢惠帝推薦，由曹參繼任為朝廷的相國。在蕭何去世不久，曹參開始收拾行李。下屬不解而問他，曹參便說：「我要去接任相國的工作了。」果然沒多久，朝廷便派人召他赴任。曹參離開齊國時，交代繼任者說：「刑場及監獄是最要留心的地方，不要隨便改變這裡的制度。」繼任者問：「治理齊國只要注意這個就行嗎？」曹參說：「並沒有這麼簡單的。你要認識到，黃老之術的兼容並蓄是體現在刑法的確實執行之上。今天你擾亂了罪刑的審問及執行，那麼你要奸人都流竄到哪去呢？這就是我要提醒你的地方。」（以上見《史記・曹丞相世家》）

曹參出任朝廷相國期間，整天大口喝酒大口吃肉，因為實行黃老之術，政治上無為而治，只是繼續執行蕭何留下的政策，並不予以改變。惠帝覺得非常奇怪，要曹參之子曹窋去勸曹參。曹參聽了大怒，鞭笞曹窋兩百下，還罵他：「天下大事，還不是你可以想管就管的！」惠帝知道後只好親自問曹參。曹參回答道：「皇上跟漢高祖相比，誰比較聖明？」皇帝說：「我怎麼敢跟先帝比。」曹參又問說：「那我跟蕭何相比，誰較賢能？」皇帝說：「你似乎比不上蕭何。」曹參說：「陛下您說得很對。高祖與蕭何當時安定了天下，設置的法令已經十分清楚明白，陛下只要垂拱而治，而讓臣等堅守崗位，善盡他們的責任而不違背，不就很好了嗎？」

因此時人歌頌：「蕭何制定律法，明白畫一；曹參取代蕭何為丞相，謹守蕭何留下來的制度不犯錯。曹參主政之下未籌辦新制度來擾民，因此百姓生活平穩寧靜。」（以上見《史記・曹相國世家》）漢・揚雄《法言・淵騫第十一》也說：「蕭何訂定的規矩，曹參跟著照做。」後人稱之「蕭規曹隨」。

曹參之所以全部依循蕭何設下的規矩，並非曹參自認為無能之人，而是曹參原以一介武將，接連擔任齊相與國相，他有自知之明，深曉自己學問比不過蕭何，只有蕭規曹隨，不對朝令典章做任何更動，與民休息，才是對國家最好的做法。

◆以簡御繁、與民休息

臺灣近幾年來民意高漲，陳情抗議、街頭遊行事件此起彼落；為免疏導管制不力而丟官，地方警察主管常料敵從寬，大量無限制的調動警力。此外，民智大開，歹徒結合智慧與高科技進行犯罪，更讓破案難度愈發提高，令警方疲於奔命。

但如果因為警察的工作負荷量過重、服勤時間過長，導致工作壓力過大時，執行勤務的成效、回應民眾的需求、降低犯罪的問題、減少民眾的恐懼等相關勤務規劃策略，都將事倍功半。所以，無論是治安問題解決或民眾滿意度的要求，都必須以身心健康的執法人員為基礎。有鑑於此，如何在警察的待遇跟勤務規劃上，為警察著想，適當減少警力調動、降低警察壓力，並增加對警察組織的向心力等，這對提升警察執勤的品質與吸引人才投入治安工作，是十分重要的事。

解凱元（二〇一八）指出，警察的工作壓力主要來自：

其一、服勤時數過荷。我國《警察勤務條例》第三條規定勤務的實施，應晝夜執行，普及轄區。這意謂著外勤人員的勤務，屬於一個警戒體制，且包含整體、持續及輪班制的勤務特性，必須涵蓋一天二十四小時的全部時段，以及普及轄區內所有角落，導致原本每一執勤員警，一天應以八小時的勤務為原則，必要時才要酌量延長，但卻在治安需求、事故不確定性、正常服勤時數無法涵蓋轄區所有時段等各種壓力的考量下，濫用必要規定，使之變成例行性，影響勤務的規劃，等於要求全體員警常態加班。

其二、勤務分配不公。一個組織的成員通常會比較他們投入與產出之間的關係，然後再進一步比較自己與其他相類似成員的投入與產出比。若他們發現自己的比較值與他人相同時，則認為公平；反之則感到不公平。當不公平的情況發生時，成員會試圖作一些修正。而其可能產生負面的結果是：績效下降、品質降低、缺勤怠勤與離職。在相同事件比較時，則須作相同處理，如比較相類似職務內容與同位階對象，參與比較者認為若有相同的表現時，通常會獲得「相同的報酬」。所以當員警拿他們在工作上的「投入」與「產出」與其他員警互相比較下，認為公平與否，會直接影響到他們對工作的付出努力程度；偏偏警界文化重視倫理與資歷；主管對老鳥跟菜鳥的勤務分配便有不同的考量，造成勤務分配不公的現象。

其三、過於繁雜的工作。目前第一線現場，警力不足是當前基層員警認為最主要工作壓力，其次為媒體對警察放大檢視與工作的繁重。其中，工作本身的壓力遠高於個人本身壓力與組織外在壓力。所以勤務較繁忙的直轄市，為留住人才與平衡員警的辛勞，都會發放加給。鑑此，精簡專案、減少業務、避免非與警察本業相關的勤務規劃，將可提升員警的工作滿足，提高工作效能。

綜上所述，在勤務規劃上除了改善員警工作壓力外，也必須注重滿足勤務的激勵條件。為了讓基層員警對實際勤務規劃的改善有所感受，首先應該要做到減少大量非警察本業的工作，其次是改善服勤時間，調整輪班制度，減少其所造成的身心影響，方能提高員警的工作士氣。

隨著員警的安全與福利愈來愈受到重視，目前員警主觀的感受度與客觀的基本權益保障，也都慢慢地獲得改善。從員警執勤安全的保障、工作上受到尊重與成就感，都是能改善員警工作滿足的關鍵要素。而勤務規劃上若要能對員警的工作滿足有影響或提高，則必須讓警察工作回歸本業、並且讓勤務規劃兼顧彈性與變通、以及能顧及基層員警主觀感受、勤務規劃須評估轄區的治安狀況或民眾特性後在去規劃編排，比較能切中問題，降低員警過勞情形。

黃霸精律法有智謀，少異動用老臣

一 名臣生平

黃霸（B.C.130-51），西漢大臣，淮陽陽夏（今河南太康）人。年輕時學習律令，武帝末年入錢為官補侍郎謁者，又入穀沈黎郡，補左馮翊兩百石卒史，負責郡中錢穀帳目，又補河東均輸長，升任河南太守丞。後歷揚州刺史、潁川太守、御史大夫、丞相，封建成侯。謚定侯（參考自《二十六史精要辭典》）。

名臣事跡

黃霸為人精明聰敏，熟悉律法，性溫良有智謀，議處合法，因而受到吏民的尊敬支持。此外，黃霸還善於領導、調用下屬；百姓之事，無論巨細，都派人詳加調查並妥善處置，就連與平民應對往來的一般家常瑣事，他也考慮得周到得體，讓老百姓感覺受到尊重，更加愛戴黃霸。

為了照顧弱勢，黃霸還讓驛館、鄉里治所都餵養雞豬，以便贍養鰥寡貧弱的人。當他擔任潁川太守時，得知某鄉有孤獨老人去世，沒有後人協助安葬，黃霸更以父母官的身分親自督管此事：像是哪個鄉里治所的大樹可以砍伐作為棺木，哪個驛館飼養的豬可以用來祭祀等，黃霸都了然於心，一旦有需要，便吩咐手下前去取用。郡內官吏依言前去，皆與黃霸所言一樣不差。黃霸細心如此，可謂博聞強記、明察秋毫。不知黃霸平時就留心這些事的人，視他為神明。由於大小巨細之事，都在黃霸掌握之中，奸邪之徒因而懼怕黃霸，只好離開此地，逃去別的郡縣，所以黃霸主政的潁川郡內，盜賊隨之減少。

為了瞭解民間情況，黃霸還常派官員微服私訪，並親自以平民身分，深入民間，關心百姓疾苦。有一次，黃霸想要考察民間情況，便派出一名年長且清廉的下屬祕密出行訪察。下屬遵照黃霸的指示微服出訪，晚了不敢在驛亭住宿，餓了就在路邊隨便吃些東西。沒想到在路邊吃飯時，忽然飛來一隻烏鴉，叼走了他手裡的肉。恰巧有人要去郡衙洽公，看到了烏鴉叼搶肉的情況，一到郡衙就對黃霸講了這件事。待微服巡查的下屬回來後，黃霸便迎上前去慰勞他說：「辛苦你了！在路上吃飯還被烏鴉叼走了肉。」下屬大驚失色，以為黃霸早就對他外出調查的所有情況都已清楚，對所問的事情便不敢有任何隱瞞。

黃霸雖然因為治安管理良善而聲譽卓著，但他為政，首先強調教化，然後才會施用刑罰。像黃霸任潁川太守時，多次頒發刑律，務必讓律令內容家喻戶曉，因此當地犯罪率大大降低。同時他還制定詳細的安頓人民的辦法，像是規勸黎民遵守律法、勤於農桑生產、勤樸節約，並安排族長耆老們率領著伍長，到民間去宣導這些辦法事項，用以改變風俗。

黃霸治理地方，十分注重官吏辦理業務的延續性，儘量避免無謂的人員更替，以求培養長期穩定的行政官員；官吏更替頻率少，相關的公務花費也節省了下來。像是許縣縣丞年老耳聾，督郵曾向黃霸表明想要辭退他，但黃霸不同意，他說：「許縣的縣丞廉潔清明，雖然年紀大了，尚能勝任接待迎送的工作，你要多幫助他，不要讓地方賢達失望。」有人請教他為何還要留用年老的縣丞，黃霸解釋說：「頻繁地更換長吏，迎新送舊就要花費不少銀兩，而且奸猾小吏搞不好就會乘交接之時，銷毀帳冊文書，從中盜竊財物；官吏交接，公私耗費很多，這些費用還不是都得從百姓那裡課徵？如果新任的官吏未必賢德，甚至還不如他的前任，只會添亂而已。更何況要新上任的官吏進入狀況，把自己的工作做好，做到方方面面都穩定下來，也還要花費不少時間呀！」（以上見《漢書・循吏列傳》）

◆減少異動、重用老臣以降低交接成本

黃霸天生在治安管理方面有敏銳的神經，一是本身熟悉律法，也重視律法宣教；二是時常微服出巡，探訪民意；三是深刻瞭解官場送往迎來的文化，所以反對頻繁調動官員、減少支出。減少調動同時也能深化官員熟悉業務的程度，降低管理成本。

組織管理，最忌頻繁調動職位；被調動者花費許多心力，業務還未熟悉，又被調往

新職務，無形中增加組織的管理成本。像二〇一一年臺灣軍情人事再度出現異動。原任國防部長辦公室主任的湯中將，升任軍情局長，原任局長的張中將因屆齡，提前退役。新任湯軍情局長出身陸軍作戰與人事體系，與情治工作並無淵源，接任軍情局長，政治考量的成分高，湯局長要熟悉軍情業務，必須花費好大一番工夫。一般猜測湯局長之所以空降軍情局，在於他得到當時高國防部長大力支持有關；諷刺的是，甫退役的張前局長是近年罕見能做滿二年任期的局長。最近十年來，臺灣軍情局長任期均不長，極少超過二年，不是任內調職高升，就是出事後被調職，或如葛前局長因涉貪入獄，馬政府時代，軍情局內部現也因兩岸關係改善，造成首長易動頻繁。士氣不若十多年前的「飛彈危機」時代，向心力十足。部分情治將領認為，內無法家弼世，外無敵國外患，國家就危險了。當時臺灣軍情首長調動得如此頻繁，對情報工作的延續深化絕非好事（《中時電子報》，二〇一一）。

續用、重用、啟用原本已經熟悉業務的老臣，在治安管理上絕對有其正向作用。二〇一九年春，臺灣海巡署長遺缺由國安局陳副局長接任。原本陳副局長先從新北市警局局長陞任警政署長，已經打破由臺北市警局局長接任的慣例，如今沉潛後再獲重用。

陳署長是中央警察大學正科四十四期畢業、中央警察大學警政研究所碩士、中央警察大學犯罪防治研究所博士，也是馬拉松運動的長跑健將。陳署長歷任高雄市警察局鹽埕分局長、臺北市警察局松山分局長、萬華分局長、中山分局長，以及嘉義市警察局長、警政署公共關係室主任、臺中縣警察局長、警政署警政委員及主任祕書等職務，資歷豐富完整。

陳署長不止有治安管理專長，也重視警察公共關係，長期與媒體保持良好關係。陳署長更重視基層員警的心聲。他擔任警政署長期間，設立「NPA署長室」粉絲團，提供全國官警留言，交流意見，有時甚至自己也會親自回文答覆；任職警政署長期間，改善諸多不合理的勤務，獲得警界很高的支持。可惜後來因二〇一七年臺北世界大學運動會維安發生狀況，現場示威團體入侵進場動線，干擾選手進場而遭到究責，轉任國安局副局長；從警界跨足情治界，外界普遍認為陳署長被安排到「虛位」，等待退休。

但也有警政人士提出不同看法，指出陳政府時期就曾拔擢當時國安局王副局長成為最年輕的海巡署長，陳署長卸任後被指派國安局副局長，未必是虛以以待。果然陳署長就任國安局副局長二年半又被提拔為首任海洋委員會海巡署署長，獲得重用（《經濟日報》，二〇一九）。

海洋委員會下屬的海巡署是中華民國的海岸及海洋安全事務專責機關，負責巡防各地港口、沿岸地區、離島、領海、鄰接區及專屬經濟區，並執行查緝走私貨物和毒品、犯罪逃亡等治安事務。所屬人員身分是執法與巡防救難工作的司法警察。署內人員編制，主要由警察、軍人、海關人員或其他公務人員擔任。陳副局長接任海巡署長，著實是專才專用、老臣新用。實乃因政府除了要借重他的治安管理專長，防堵非洲豬瘟入境的問題，更要依賴他的公關專長，消弭長期以來海巡署內部軍職跟警職之間的磨擦。

舊海巡署時期，業務大分為岸巡與海巡，前者主要人員為軍職轉任，後者則主要由警職擔當，大部分時間相安無事。惟蔡總統主政之後，欲強化國防，想將海巡署建立成為第二海軍，除了大幅重用署內軍職人員，也調整相關的教育訓練及業務，使得海巡署的國防色彩變得更為濃厚，直接排擠、削弱原本應發揮的治安及救災業務能量。此舉造成署內人心浮動、軍職與警職人員間齟齬不斷。陳署長就任後首要之務就是要改善署內軍、警長期不和的情況，所以甫就任其即宣誓：「每一位同仁都是海巡署重要的一份子，不僅是默默運作的螺絲釘，更是具發展潛能的種子。未來將秉持關懷同仁、照顧同仁、傾聽同仁的原則，藉由周全的教育訓練，在既有基石上穩定向前，帶領全體同仁共創海巡新紀元。」（《中時電子報》，二〇一九）從陳署長過去的表現來看，他的就任，將有效消除內部矛盾、提升海巡署的士氣、協調政策的推動。

丙吉性忠厚能包容，治國抓大放小

名臣生平

丙吉（B.C.?-55）西漢大臣，魯（今山東曲阜）人。本為魯獄吏，累遷廷尉監，後出為州從事，武帝末年，巫蠱事起，他曾救護皇曾孫（後來的宣帝）。後任大將軍霍光長史，建議迎立宣帝。封博陽侯，任丞相（參考自《二十六史精要辭典》上冊）。

名臣事跡

丙吉這個人個性老實忠厚，也不隨便誇稱自己的付出跟功勞。丙吉的車伕愛喝酒，常無節制地縱飲，有次隨他外出，醉後還嘔吐在自己車上。西曹主吏報告丙吉這件事，打算將醉酒嘔吐的車伕趕走，丙吉說：「因為喝醉酒犯了錯把他趕走，叫他去哪裡討生活？西曹你只管包容他，車伕吐髒了車廂，這不過是弄髒車褥的小事罷了。」

由於車伕是邊郡人，熟悉邊塞有關發布警戒的事務，某次車伕外出，看見驛騎拿著赤白口袋衝進城裡，知道邊郡發布警戒的快馬到了。他於是跟著驛騎到公車去打聽，知道外敵侵入雲中、代郡等地，便趕快回府面見丙吉，報告他看到的情況，同時還補充道：「外敵侵入邊郡，兩千石這一級的長吏，有些年老生病，受不住兵馬災難的，應該預先安排安頓。」丙吉認為這個建議很好，便召來東曹，調出邊郡長吏資料，記下要調動、安頓的人員。但還未調查完，皇帝劉詢即下詔召見丞相、御史，並拿敵人侵入邊郡的情況詢問他們該如何處置。只見丙吉一一詳細回答，而同時被皇帝問到的御史大夫一時間因不知詳情，受到皇帝責備。事後丙吉感歎說：「做為一個讀書人，沒有什麼是不能包容的，我的手下們各有長處。假如我沒事先得到車伕的回報，怎麼有機會被皇帝誇獎呢？」

丙吉某次外出，遇到路上有人在打群架，死傷慘重。但丙吉經過時卻不聞不問，小吏們感到非常奇怪。丙吉再往前走，遇到有人趕牛，眼見這隻牛跑得氣喘吁吁，上氣不接下氣，還熱得直往外吐舌頭。丙吉卻特地停車，派人去問農夫說：「趕牛趕了幾里路？」小吏們更加不解，其中有人便去問丙吉。丙吉說：「百姓鬥毆死人，有長安令、京兆尹這些地方官處理。我作為丞相只負責考察他們的政績功過，上奏皇上，或論功行賞，或懲罰失職就好；丞相不用過問小事。但現在正值春天，天氣尚未炎熱到酷暑難耐、大汗淋漓的地步。我卻看到農夫趕牛走得急促，牛熱得氣喘吁吁，舌頭都伸出來了，顯然是受了濕熱；牛隻會因為生病而影響農事。農業是國家的根本，牛生病，農事受到影響，秋天就會歉收，收穫不好，老百姓就要餓肚子，這才是危害天下的大事啊！我作為三公之一，自當憂國憂民，因此才只過問趕牛之事。」小吏們聽完心悅誠服，認為丙吉識大體（以上見《漢書・魏相、丙吉傳》）。

◆組織分級，職能分工

丙吉身為國相，路上遇人爭鬥，並不介入；但在路上偶遇農業社會中肩負生產重任的水牛不正常喘息時，則充分過問，此乃國相治國，充分體認應該管大不管小，以落實組織分工的原故。

查《警察法》第二條所定之警察任務為：「依法維持公共秩序，保護社會安全，防止一切危害，促進人民福利」，但法定警察任務的涵蓋範圍太過廣泛，且用語過於抽象。像是一般行政機關均有防止危害的任務，促進人民福利也是各行政機關不可或缺的工作目標，這就與警察任務混淆不清，因而形成警察角色定位不明。業務包山包海，與其他政府機關根本沒有所謂組織及階級、專業的分工。

視此，為了提升警察的工作品質，必須釐清警察之核心與非核心業務。首要之務在將非為警察基本任務的部分，交還給原即有「廣義警察權」的行政機關；短時間內要做到，這涉及到機關間的溝通，曠日費時。最立竿見影的做法是評估警察業務在公權力行使上的強度，如果技術層次、動用強制力的頻率較低的工作項目，可考慮委由民間來辦理。部分低技術性的工作交由民間來辦理，除能立刻減少警察的負擔，還有一個好處——因為如果低技術性的工作交由具較高薪資水準的警察人員來處置，頗有浪費國家人力資源之虞；將低技術性的工作委外處理，能有效降低政府財政人事費用支出。

以社區巡邏業務來說，本來就是民間保全公司所經營服務項目類別之一。再比照各地區社區巡守隊的服務項目，保全公司與社區巡守隊在這部分的工作大致相同。他們在這項工作多年所累積的經驗，充分證明民力參與在維護社會治安是很有實效的。此外，也有不少研究指出，國外辦理警察業務委外的項目中，最常見的就是社區巡邏等工作。所以巡邏及守望、警衛工作可以作為警方委外務優先辦理的項目，是毫無問題的；民間業者所扮演之角色則類似「行政助手」的模式。警方將公權力行使程度、強制程度較低的業務交給民間業者執行，警察人員則集中精力於必須由正式警職人員處理之部分業務。對承包委外業務的業者而言，警察是他們工作品質最後的把關者，也是指揮監督者。

警察業務過度繁雜，從打擊犯罪到社區服務，業務範圍之廣勝過任何的政府機關。故若能透過委外制度之設計，同時利用誘因吸引民間參與公部門的運作，以分擔部分警察業務，使警察可以更專心地從事專業的重點工作。再者，由於民間企業的組織運作彈性比較大，不像政府機關，凡事必須依照既有的規範而行，而相關的規範又為整體公部門設計，不見得適合於某一特定的組織，即使適合於某個組織也不一定適用於每一個案件；大部分的承辦人會因為害怕被套上「圖利」、「貪瀆」等罪名，寧願捨棄有利於組織的運作，也不願意冒然採用有利於機關組織的方案。因而透過民間企業的經營方式，期能夠有效地影響警政機關，讓警察機關變得更有活力，同時可以增加彼此之間的互動，讓警察組織有重新調整的機會。

此外，警察業務委外對於警察組織內外部顧客的影響而言，業務委外是將原來的警力運用到更有需要的地方，如此對於警察同仁來說是業務的分擔，並非權益的剝奪，而對於民眾而言乃是對自身安全的多一層保障。因為業務委外是將一些勞力需求層次較高、強制性較低的警察部分業務撥予民間業者分擔，而正式警察人員則繼續扮演維護公權力尊嚴的角色，基本上是警力的放大，這對民眾而言，等於是多增加一層保護，而非權益的喪失。（以上有關社區巡守業務委由保全業的分析，見涂國卿，二〇〇三年）。

第五倫用人看身世，罷殷富用貧困

一 名臣生平

第五倫（生卒年不詳），東漢大臣，京兆長陵（今陝西咸陽東北）人。初為淮陽國醫工長，受到光武帝的賞識。歷任會稽、蜀郡太守。在會稽時查禁巫祝，裁遣富吏。章帝時，任司空，以正直廉潔著稱，曾一再上書，要求抑制外戚驕奢擅權（參考自《中國歷史人物辭典》）。

名臣事跡

漢章帝永平十八年，第五倫升任為司空。這是因為第五倫擔任蜀郡太守時公正清廉，他舉薦官吏，不考慮是否有殷實的家世背景，只問能力，而且家貧的人才他特別喜歡任用。因為他所任用的官吏很多都沒有背景，為求肯定，做事特別賣力，所以地方大治。漢章帝便將第五倫調回朝廷任用（以上見《資治通鑑》卷四十五）。

第五倫最討厭庸俗又沒有見識的官吏在執行公務時過度苛刻，所以他曾上書說：「漢光武帝為政採用嚴厲的手段，後代沿襲，形成風氣；郡國所舉薦的人，大多都是只會應付工作的官員，極少有寬厚博學的人才。像陳留令劉豫，冠軍縣令駟協，作風太刻薄、要求太嚴苛，吏民都很埋怨、厭惡他們。但朝廷卻認為他們有才華，如此評價顯然違背天意、有失道理；應該要懲處劉豫和駟協，並譴責那些舉薦他們的人，同時提拔仁慈賢能的人為政。國家只要提拔幾個賢才仁人，自然就能改變刻薄的風氣。臣經常讀書，從書中得知秦朝因暴虐而亡國，臣又親眼見到王莽時期因採用嚴苛的法令而自毀其身，所以臣才懇切地上書勸諫。臣更聽聞諸王、公主、外戚，驕奢之外還逾越制度，在京城皇帝眼皮子底下尚敢這樣做，皇族外戚對外要如何以身作則？孔子說：『其身不正，雖令不行。』以身作則，別人才會順從，若單單耍嘴皮子講道理，只會招來非議。」漢章帝聽完表示同意（以上見《資治通鑑》卷四十六）。

第五倫晚年多次以年老多病上疏請求退休，元和三年，漢章帝終於答應讓他辭官。章帝並賞以兩千石的終身俸祿、加賜錢五十萬、公宅一區。幾年後第五倫去世，享壽八十多歲，朝廷也下詔賜棺材、入棺時所用的衣服、金錢等物表示朝廷對他的禮遇（以上見《後漢書．第五倫傳》）。

◆人才選拔，家世清白

兩漢以來，任官用人習慣看人選家世背景如何，家世愈殷實、政商關係愈良好，愈能出線。但第五倫任用官吏，反其道而行，特別愛用家世清貧的；任用只後，也只看表現如何，獎罰不論其背景。官吏執行公務，第五倫還特別要求他們不能過度刻薄，以免形成不好的政治氣氛，造成民不聊生。

有關治安人員的出身，臺灣內政部在二〇〇一年七月二十三日修訂有《中央警察大學臺灣警察專科學校初試錄取人員身家調查辦法》。該辦法係依《警察教育條例》規定訂定。針對兩校初試錄取人員（指參加中央警察大學、臺灣警察專科學校之招生考試，經初試合格人員）進行身家調查。調查項目包括：該人員是否有刑案紀錄資料？該人員是否為治安顧慮人口？該人員是否曾服公職而有受懲戒或行政懲處紀錄？該人員之國籍、戶籍資料是否得服公職？該人員學歷資料是否正確？該人員是否有受監護或輔助宣告之情事？該人員身心健康狀況如何？該人員是否有其他品德及忠誠事蹟需查核？還有：若有其他違法而致不能擔任公職之情事，或被發布通緝中，或曾被警察學校、軍事學校勒令退學或開除學籍，都不能取得入學許可。

另外，政府機敏單位如國家安全局、法務部調查局在招收新血時，也會進行身家調查，且標準比前述警校身家調查更為嚴格，如只要有品德瑕疵、言行態度不適宜，都有可能無法進入複試或是接受培訓。

不止在人才選拔時注意背景清白，任職之後，治安人員對操守的重視更是上級考核的重要項目。以臺灣警界為例，二〇一四年新任基隆市警局局長雖然欠缺乙種縣市局長、港警總隊長資歷，因其行事嚴謹，操守好，風評佳，因而爆出冷門，接掌北臺灣海上門戶的警局長。

周局長不愛出鋒頭，故無人知道兩岸合作打擊犯罪制度是周局長在刑事局偵查科長任內開始建構的。一九九九年，國內發生大陸劫機犯遣返時挾持海基會官員的戒護疏失，現場只有周局長不顧危險，上前摺倒人犯，才化解了危機。後來，二〇〇一年，周局長隨中華民國刑事偵防協會出訪大陸，開啟兩岸治安合作的窗口。辦伙的同仁回憶，周任刑事局科長時常忙到餐廳沒菜時才去用餐，菜盆裡已經沒菜，他舀點菜湯或湯汁拌一拌飯就算一頓飯；沒吃到什麼菜什麼肉的他每次也都堅持付副食費四十元全額。

周局長個性老實，既不求官，亦不要人關說，一切依長官安排。二〇〇二年，周局長從刑事局調升北市士林分局長。士林分局長任內，周局長開的是十五年以上的老車，大家都知道全分局車齡最大的車子就是他的。二〇〇八年周局長再調升當年臺北縣警察局主祕；但卻晚到二〇一二年才升新北市警局副局長。可是二〇一四年，欠缺乙種縣市局長、港警總隊長資歷的他，因為風評好、操守佳，爆冷接掌六都之外最重要的基隆市警察局長，成為當年大黑馬。沒多久，二〇一五年，周局長調升署警政委員，二〇一六年再由警政署主祕升任警政署副署長（以上軼事見《聯合晚報》，二〇一八），直入警政決策層峰。

曹操稱霸求賢若渴，網致天下人才

一 名臣生平

曹操（A.D.155-220），東漢名將、大臣，沛國譙（今安徽亳縣）人。早年曾任洛陽北部尉、頓丘令、濟南相等。漢獻帝時，官至丞相、大將軍。封魏王。子曹丕代漢稱帝，追尊為太祖武帝。善兵法，曾注《孫子》行於世。又擅長文學（參考自《人學大辭典》）。

一 名臣事跡

曹操身為漢末丞相、三國梟雄，深知人才是得天下的根本，因此他屢次下令求賢。最有名的莫過於他的〈求賢令〉跟〈舉賢勿拘品行令〉。

在〈求賢令〉中，曹操說道：「自古以來開國和中興的君主，哪個不是得到賢德的能人才跟他一同治理國家的呢？在他們得到人才的時候，這些人才往往不出里巷，難道他們的出身是偶然的巧合嗎？是上位者努力到基層去尋求發現的呀！現在是特別需要訪求賢才的非常時刻。（孔子說）『孟公綽做大貴族的家臣是稱職的，但他卻當不了滕、薛這樣小國的行政長官。』假如非得是廉潔的人才可以得到任用，那麼齊桓公怎麼能（得到管仲輔佐）稱霸於世呢！當今天下是否有（像姜子牙那樣）身穿粗衣、懷有真才而在渭水岸邊釣魚的呢？又是否有（像陳平那樣）被指責為盜嫂受金而遇不到魏無知推薦的呢？所以諸位要幫助我發現那些埋沒在基層的人才，只要是有才能的就應該被舉薦，讓我能得知，進而任用他們。」

曹操的〈求賢令〉開頭先以各朝代開國中興的歷史經驗，總結出人才對國家的重要性。曹操強調人才不論出身，更要積極訪求基層。曹操也引孔子的論斷和齊桓公用管仲的故事，說明自己求賢的標準——光是廉潔有德而缺乏幹才是不行的。最後曹操提出自己求賢才的對象在基層，條件在才幹。

曹操另有一篇知名的求賢令叫〈舉賢勿拘品行令〉。在本篇中，曹操說道：「古時候的名臣伊摯、傅說都出身卑賤，管仲還曾經與齊桓公為敵，但他們都得到重用而使國家強盛起來。蕭何、曹參都曾是縣府的小官吏，韓信、陳平也都曾背負污名，但他們最終都幫助了他們的主子成就帝國大業，名聲流傳千載。吳起為了當上將領，殺了自己的妻子以取得信任，四散金銀以謀求一官半職，就連母親死了也不回家奔喪。可是有吳起在魏國坐鎮，秦國不敢向東用兵；吳起到了楚國，三晉不敢圖謀南方。反觀現在，怎麼可能會沒有具才華道德的人雜處在百姓之間呢？像是果斷勇敢、不顧一切，遇到敵人就拼死作戰的人；又或者學習文化、才華極高、氣質特出而可以當守將的人；又或者背負著污名，做過被人嘲笑的行為，還是不仁不孝，但有治理國家跟用兵打仗本領的人。希望大家都要積極推薦自己認識的這樣的人才，不要把他們遺漏在民間。」

〈舉賢勿拘品行令〉又叫〈求逸才令〉，在本篇之中，曹操列舉許多歷史人物，指出他們或者出身不好，或者罵名在外，但最後都很有作為而留名後世。所以他要求屬下儘量推舉才華傑出的人才，只要有文韜武略，哪怕是名聲不好也沒關係。當然，曹操在稱霸中國的過程中，曾多次下令選拔人才，除了這兩篇較為著名外，其他尚有〈論吏士行能令〉、〈選舉令〉等。

◆百川納海、廣徵人才

曹操身處亂世，深知人才是最重要的資產；只有人才方能讓他在大浪中站穩腳步、看清時局。所以他多次下令求才，凡有專長才情可以為國所用者，不拘出身及品行；視個人條件，適才適所。

國家召考治安人員，選拔來源更是多元，以警察人員為例，二〇一〇年臺灣考試院召開會議，通過《公務人員特種考試警察人員考試規則》修正草案、《公務人員特種考試基層警察人員考試規則》修正草案，警察初任人員考試將自民國一〇〇年開始，採行警校生與一般生分流考試制度，警察特考由警校生應試，一般警察特考由一般生應試，打開一般社會青年報考警察的大門，使警察人員的取用有更廣泛的來源。

時任考選部長賴某表示，為改進警察人員考試制度，以拔擢適格專業人員從事治安維護工作，考選部先前經配合用人機關提出需求，規劃研擬《警察人員考試制度改進方案》，並早在二〇〇九年會議審議通過。旋即成立跨部會專案小組，研議各項改進事宜。案經多方討論並獲致共識，爰研修警察特考及基層警察特考二項考試規則，於二〇一〇年完成審查，二〇一二年實施。

警政小常識

考選部審議通過之二項警察考試規則重點為：

第一、應考資格：配合警察雙軌分流考試制度，擬定警察特考與一般警察特考應考資格。

第二、考試方式：警察特考採筆試；一般警察特考分二試舉行，第一試為筆試，第二試為體能測驗，第一試錄取者，始得應第二試。

第三、考試類組：警察特考及一般警察特考二等考試均設八類組，四等考試均設五類組，至三等考試部分，警察特考設十四類組，一般警察特考設十一類組。

第四、應試科目：

（一）警察特考及一般警察特考二等考試同類組之應試科目均採相同設計。

（二）警察特考三等及四等考試以列考警察情境實務（概要）、警察（消防與災害防救、海巡）法規（概要）及依各類別核心職能設計之專業科目為原則。

（三）一般警察特考三等及四等考試依各類別核心職能分別列考五科及三科專業科目。

有關警察特考及一般警察特考需用名額之合理比例部分，經考試院綜合審酌各項因素後，決議三等考試一般生與警校生之錄取比例為一四%與八六%；四等考試一般生與警校生之錄取比例為三〇%與七〇%，三年後重新檢討分流比例（以上見「考選部」網站）。

新制實施到二〇一四年，進入檢討時期。雖然社會上發生重大治安事件——鄭某臺北捷運無差別殺人案與強力衝擊警力調動的太陽花運動，但考試院卻擬調整警察特考，要求警察大學釋放內軌名額給外軌的一般大專生；並打算把校內五系併考一類科。此舉等同於消滅警察專業科系、毀棄國內最高警察學術機構，將中央警察大學變成訓練機構。按照目前新制，國內警力來源為一般社會青年及經過警校高訓練強度教育出來的警校生。然而考試院新一波草擬新制，將直接把幾十年來建立的臺灣警察教育武功盡廢，窄化國家進用警察的管道。

考試院之所以有此想法，在於一般生必須加考體能，且國考錄取率和警校生落差許多，因而屢遭抗議。故考選部考慮改變現行制度，讓所有警察均來自一般大學，採先考、再訓、後用，讓中央警察大學及警專轉型為訓練中心。但時任警刁校校長與蘇教務長認為這樣等於廢掉警校，關上警察人員取用的重要源頭，國家禁不起這樣的實驗。

警校刁前校長表示，新生入學需接受預備教育，刷掉心理素質不佳的預備生。能通過預備教育的預備生都對學校、警察工作有極深的認同感；蘇教務長補充說明道，就警校生及一般外軌特考受訓完畢分發到單位者的表現來看，非警校畢業者的離職率是七％以上，而警校生幾乎無人離職，前者等於浪費了國家培育他們所投入的資源。就節約國家培育公務員的成本來說，草擬新制過程應該要好好考慮各種警察人力來源分發後的穩定性、必須觀察其留任率的表現才是；如果偏聽社會上的少數意見、偏重單一管道取才，絕非國家幸事。（《中時電子報》，二〇一四）

盧毓愛百姓重科法，完善官員考評

一 名臣生平

盧毓（A.D.183-257），三國曹魏大臣，涿郡涿縣（今河北涿縣）人。歷官黃門侍郎、濟陰相、譙郡太守、睢陽典農校尉、侍中、吏部尚書等。齊王曹芳正始元年登相位，拜尚書仆射。旋受曹爽排擠罷相，降為廷尉。曹爽被誅，廢帝嘉平四年再次拜相，任吏部尚書、尚書仆射（參考自《中國歷代宰相大詞典》）。

一　名臣事跡

東漢末年，久經戰亂，法令秩序重建不久，仍有很多逃兵；逃兵會遭到嚴厲懲罰，妻兒也會受到連坐。可是有一些逃兵的妻子，才嫁到夫家數天，還未見著丈夫，但丈夫卻逃亡了，大理官府依處罰逃兵親屬的辦法上奏，打算判處這些女子死刑。盧毓見著不合理，便引用了《詩經》、《禮記》等經典，陳述妻子未見著丈夫，未成其婦；並駁斥大理當她們是已完婚婦人那樣判刑，判罰顯得過重；盧毓認為可以改處較輕刑罰。曹操對盧毓的見解十分欣賞，便任命他為丞相法曹議令史，後轉任西曹議令史。

建安十八年，曹操封魏公，建立魏國，盧毓升任吏部郎。後來曹丕稱帝，盧毓出任黃門侍郎，後又先後出任濟陰相和梁郡、譙郡太守等。可是因為盧毓見到曹丕故縣譙郡土地貧瘠，百姓窮困，上表想要將先前徙居譙郡屯田的人民遷到梁國肥沃的土地上，卻因違逆曹丕充實故鄉的本意而違逆了曹丕心意，被降職為睢陽典農校尉。雖然被貶謫，盧毓乃一心想幫助人民，後改任安平以及廣平太守，因用心政事，頗得地方百姓的愛戴。曹魏青龍二年，盧毓任侍中，任內曾對科法律令的修改多次提出良好的建議，得到魏明帝曹叡賞識，任命為吏部尚書。

景初元年，司徒陳矯逝世，司徒一職懸空半年，次年，明帝問盧毓誰可任司徒，盧毓先舉薦一直不肯任官的管寧，但明帝不用，盧毓於是舉薦韓暨、崔林和常林三人，後來明帝選任韓暨為司徒。盧毓掌主選舉，標準是先以性格品行為優先，之後才考慮口才和才智。因為盧毓認為才能是為了任官行有利於百姓的善舉，若徒有才能但不能行善，就算有才，對國家來說亦是無用（以上見《三國志・魏書・桓、二陳、徐、衛、盧傳》）。

◆考核選拔，務求公平

盧毓除了在司法及地方治理方面表現出他愛民如子的一面，在主掌選舉官員時他也特別定下選拔的規則，必須才能與品行兼顧，才值得予以拔擢。今日臺灣警界的陞遷與特殊拔擢任用也有嚴格的規定。

臺灣警察人員的陞遷包括現職人員在本機關或至他機關職務之調整，職責加重，從而或職等提高、或俸級提高加給增加，或地位上陞等。臺灣內政部於二〇〇五年發布「警察人員陞遷辦法」，並自發布日施行。從法制面觀點來看，警察人員陞遷的基本原則為：應本人與事適切配合之旨，考量機關特性及職務需要，依資績並重、內陞與外補兼顧原則，並與教育訓練及考核相配合，採公開、公平、公正方式，擇優陞任或遷調歷練，以拔擢及培育人才。（林欣麗，二〇〇八）

警政小常識

「警察人員陞遷辦法」重點有六：

其一、人與事適切配合——關鍵在警察人員之陞遷，應本人與事適切配合；另外，公務人員任用法條亦明定，公務人員之任用，應適才適所，為人與事之適切。

其二、考量機關特性與職務需要——關鍵在警政署本於任務特性與考核及選拔並重原則，依警察機關主管及專門性職務人員遴選資格條件，辦理各該職務人員之遴選作業。另警察機關、警察大學主管職務及有管轄區域人員在同一單位有任期限制，且因業務需要或考核成績欠佳者，得隨時遷調；機關首長任期期滿並應配合實施勤、業務交流歷練。又警察機關主管職務應按地區特性，依單純、較重、繁重、最重順序為原則實施地區遷調。

其三、資績並重——關鍵在警察人員陞遷案件之積分，依各該序列陞遷評分標準表規定辦理，標準表明訂考試、學歷、職務歷練、訓練、進修、年資、考績（成）、獎懲及發展潛能等項目，訂定標準，評定分數，以為辦理陞任之準據。

其四、內陞外補兼顧——關鍵在內陞與外補為警察人力兩個主要的來源，具有互補效果。所以警察機關及警察大學職務出缺時，除提供畢（結）業、考試及格分發之職缺或依遴選資格條件規定建立候用名冊及得免經甄審之職務外，應分別由警政署及警察大學，或警政署交由該職務出缺機關就該機關具有該職務任用資格之人員及請調存記人員，本功績原則評定陞遷，並辦理甄審。如無適當人員時，得由警政署向警察機關、警察大學辦理徵（商）調或由職務出缺機關向警察機關、警察大學以外具有該職務任用資格之人辦理公開甄選。

其五、公開、公平、公正——關鍵在為使警察人員陞遷作業程序符合公開、公平、公正原則，警政署辦理警察機關間人員之陞遷，應設立全國警察機關人事甄審委員會，辦理甄審相關事宜。警察機關、警察大學辦理所屬人員之陞遷，應設立人事甄審委員會，辦理甄審事宜。

其六、逐級陞遷——警察機關人員及警察大學人員之陞遷，應分別依全國警察機關陞遷序列表及警察大學陞遷序列表逐級辦理陞遷。但次一陞遷序列中無適當人選時，得由再次一陞遷序列人選陞任。

凡規定必有例外，以為補充，有關警察陞遷例外規定有：逕行核定陞任，像「機關首長、副首長、主任祕書」、「機關一級單位主管職務」、「機關內部較一級單位主管職務等階為高之職務」、「警監非主管職務」得免經甄審，由權責機關首長逕行核定陞。又有逕行核定遷調，像同一陞遷序列職務間之遷調及定有遴選資格條件建立候用名冊之第五陞遷序列主管職務陞任第四陞遷序列非主管職務，得免經甄審，由權責機關首長逕行核定。還有特殊功績陞職，像警察人員具有特殊功績者，應予陞職。並由內政部警政署召開會議公開審議之。又具有特殊功績者，指具有下列事蹟之一，並居首功者，如維護元首安全或執行特定警衛，對意外事故，冒生命危險，處置得宜，化險為夷。又如主動破獲內亂、外患組織，並捕獲要犯。又如冒生命危險，捕獲重要案犯，消弭禍患等。

馬周拜擊世襲餘蔭，官應外放歷練

一 名臣生平

馬周（A.D. 601-648），唐初大臣，博州茌平（今山東茌平縣）人。少孤好學，善《詩》、《春秋》。貞觀五年，唐太宗詔百官言得失，馬周代中郎將常何條陳二十餘事，皆當世所切，因而深得太宗賞識，拜監察御史。累官至中書令，成為布衣取相的典型（參考自《中華文化人物辭海》）。

名臣事跡

馬周曾上疏向唐太宗說明他認為太宗想分封諸侯並同意世襲是不對的。他認為下詔命宗室和功臣鎮守分封邦國，並傳給子孫，使世代承襲政權，不是重大變故還不能罷免他們。太宗封賜給所栽培的人，確實愛他們很深，想讓他們的後代承襲職守而立國永久。但按太宗的原意，應該要考慮的是要如何使他們平安存續、使他們富貴，又何必要以官職來保證？像堯、舜這樣的君父，還有丹朱、尚均這樣的兒子。倘若在孩童時期就承襲父職，萬一驕奢淫逸，那麼百姓就會遭受禍害，而國家也會受到破壞。由此可見，用封國封地來愛敬重之人，反而是害了他們。馬周認為能分封土地，並使食邑得以世代相傳的，一定要具有才能品行。朝廷根據才能品行授予官職，這就能讓能力不強的人免受過失之責。像過去漢光武帝不任命有功之臣去當地方官，所以最終保全了他們一輩子，所以說光武帝是懂得治國辦法的人（以上見《貞觀政要・封建第八》）。

馬周對如何選拔人才也有他的特殊見解，他所上奏的〈請簡擇縣令書〉便提到：「治理天下的人要以人為根本。想讓百姓安居樂業，重點在選出好刺史、好縣令。縣令人數多，不可能全都是賢良的人，但如果每一個州能配備一個賢良的刺史，那整個州境之內都能得到休養生息了。如果天下所有的刺史都符合陛下的心意，那麼陛下就可以拱手無事、端坐於朝廷之上，百姓也不會憂慮不能安居樂業。自古以來郡守、縣令都要精心選拔那些賢良有德的人來擔任；預計提拔來擔任宰相的人，也要先讓他們歷練地方官，或者就直接從俸祿兩千石的人當中挑選入朝任宰相。如今朝廷只重視內官，卻不看重縣令、刺史要由哪些人派任的這件事。像刺史多是武官功臣出任，或者是擔任京官不稱職，才委任外派。而折衝府中果敢剛毅、身體強壯的人，先入選中郎將，其次才委任州官。邊遠之地更加不重視用人這件事，那些才能可以勝任縣令、以德行著稱而升擢的，不到十分之一。百姓之所以不能平安度日，大概都是因為這個原因。」

◆磨練人才，擇優拔擢

馬周認為諸侯世襲，後代對國家沒有功勞卻能享榮華富貴並不合理；同時他也主張地方官員要與中央官員輪調，在各種工作的歷練之中，有良好表現者才能予以拔擢。

警界早期也有類似利用調動，讓官警歷練不同職位，藉以累積工作經驗的作法。二〇〇七年警政署曾下令執行「六年條款」——凡在同一警勤區、刑責區服務滿六年的警察，一律調動。原則上派出所員警在同一分局內互調，但偵查隊和交通分隊員則得跨分局調動。

另外，由於警察工作十分艱辛，即考驗觀察力，也需要耐力及體力。所以在警界表現優秀的人才，往往得到國外相關機構的青睞，被高薪挖角。像原來任職於刑事局的周刑警，專業能力強；周刑警專責緝毒，且屢破大案，她就曾破獲三十六萬顆一粒眠製造工廠，以及馬來西亞走私兩百二十萬顆一粒眠的大案。因表現亮眼，獲頒模範警察。周刑警不止專業能力好，外語能力更不在話下，所以常被國外單位相中，頻被挖角。最後周刑警決定轉換跑道，前往國外高級研究機構任職。（「三立新聞網」，二〇一七）

警政經驗跟人脈豐沛的高階警官，更往往在年屆退休之時會被國內外大企業相中，前往擔任重要職務。譬如李警監是警察大學安全系電子通訊組畢業，還出國深造，取得電腦碩士學位，在刑事局擔任偵查隊長時即破獲不少電腦科技犯罪案件。李警監尤其對企業所痛恨的的駭客研究甚深，因而高升警政署資訊室主任。後來更是被國內三大金控集團之一挖角，擔任副總經理，成為該集團的資訊安全守護神。（《中時電子報》，二

〇一六）

同樣因為在警界表現突出而被企業界挖角的還有江警監。江警監是警察大學四十五期畢業，學業表現十分優秀，也是國內第一個考上英國公費留學資格的警官。在英國取得公共秩序專長的博士學位之後回國，江警監即發揮在英國學到的知識，根據預防犯罪學的「破窗理論」，大力推廣「閉路電視」系統。目前臺灣大街小巷路口所裝設的監視器，就是他參考英國政策，建議高層，得到採用而實施的成果。

在結束警政署英文祕書的職務後，江警監被派往宜蘭擔任縣警察局長，爾後高升，一路至臺北市警局士林分局長。可惜任內受到連坐法政策所累，因所轄派出所傳出收賄醜聞，林警監被記過，降調回市警局後勤科擔任科長，隨後退休。

沒想到國內輪胎大廠林總裁看重他的留學經歷與辦案經驗，力邀江警監出任集團董事長。果然沒多久，江警監就幫新東家查獲臺灣治安史上查扣現金金額最高的收賄弊案。其實江警監只接任董事長四個月而已，就揪出集團內任職三十六年老臣、資材部陳前協理這名收賄的「內鬼」。根據林總裁發布的新聞稿，陳前協理長年收受回扣，本無人知，是因為有廠商受不了他貪得無厭，才暗中向刑警局通報清查。林總裁知情後，雖然陸續訪查相關廠商，但這些廠商怕捲入企業內鬥，配合度並不高。因此林總裁也才特

別情商擁有豐富辦案經驗的好朋友江警監擔任公司董事長。（以上見「聯合新聞網」，二〇一四）

江董事長坦言，一開始沒有具體證據，很難釐清案情。好在後來經過勸說後，有廠商提供明確事證，他才主動報案，也才爆出金額創臺灣治安史紀錄的收賄弊案。經查，陳前協理長期向二十二家原料代理商收受回扣五、億元，並利用其妻在境外開戶洗錢；稍後，陳前協理被依「背信罪」已經判刑確定。民事部分，陳前協理承諾返還不法所得，才與老東家達成和解。（《中時電子報》，二〇一九）

杜黃裳進策唐憲宗，勤政無為並行

一 名臣生平

杜黃裳（A.D.738-808），唐代大臣，京兆杜陵（今陝西西安東）人。登進士第、宏詞科。為郭子儀主留務事，安定內部。由太常卿遷平章事，堅請用武力討伐在西川作亂的劉辟、主張不以宦官監軍。還力主削弱藩鎮勢力。後出任河中、晉絳等州節度使（參考自《二十五史人名大辭典》上冊）。

名臣事跡

唐憲宗是唐朝中期的皇帝，他繼位時，唐朝藩鎮割據、政局不穩，大唐前途和命運處於生死攸關之際。當時作為宰相的杜黃裳，極力主張削弱藩鎮，唐王朝政局因此穩定下來，唐憲宗的政治理想才得以落實。

某天早朝，唐憲宗要群臣討論一個議題：「自我繼位以來，我一直在思考一件事，今天將大家召集，就是想讓大家議一議。從古至今，一些帝王身必躬親，辛苦操勞，取得了政治清明、國家發展、社會穩定的成功，但是也有一些帝王清淨無為，卻能垂拱而治，他們也取得了很好的功績。你們覺得，我該怎麼做才好？」大臣們面對這樣的一個話題，一時之間沒人敢搭腔。

唐憲宗看著大臣們一言不語，便接著說：「請大家暢所欲言，我很想聽聽諸位的高見，但說無妨，若說錯什麼，我不加以追責；對於有價值的建言，我還會積極採納。」大臣們聽完才開始認真討論起來。有人建議皇上親力親為，有人建議皇上無為而治，也有人建議皇上兩件都要做。

唐憲宗聽完其他大臣的各抒己見後，轉頭看看杜黃裳。杜黃裳不急不徐地說：「眾所周知，帝王上承天地和國家的使命和責任，下負造福萬民、兼濟天下的重任。在這樣的職責之下，必須要朝夕憂勞，很難能安逸清閒。但是，帝王和臣下之間，還是有一定分工，國家運行也必須遵循一定的程序和法規。作為帝王，要修身養性，善於選擇賢才，能夠有效甄別人才，精心選人，慎重用人。處於公心，對各類賢人委以重任，並制定良好的激勵政策，當他們立功時加以獎賞，當他們瀆職、違法時處以刑罰，做到獎罰分明。如果能做到這樣，哪還會有什麼人不竭盡全力為國家做事？國家還有什麼樣的目標不能實現？」

唐憲宗表示同意說：「是的，皇帝的主要任務其實就是選人用人。」他要杜黃裳接著說。

杜黃裳繼續道：「賢明的帝王在尋找真正的人才時，確實是很辛苦的，但是，當任用的人才一到位後，就一勞永逸了。這就是為什麼三皇五帝之一的虞舜能夠清靜無為做帝王，而政治修明、國家穩定的最根本原因。作為帝王，比如民間訴訟、商業交易等小事，應該讓相應的官府部門去管理即可，像這種事情，君主能不親自過問就不要親自過問。如果所有的事情都要自己去處理，那就會煩不勝煩。」

看到唐憲宗認真地聽他說話，杜黃裳又再舉例加以說明：「秦始皇曾給自己定下規定，每天所閱的疏表奏章，是用稱來稱取，藉此想要確保掌握政情民意，治理天下，這不可謂之不勤勉；魏明帝還經常親自到中央政務辦公室去檢校發行文書，以免中間出了什麼紕漏；隋文帝更為勤奮，他在議事的時候，經常廢寢忘食，身邊的侍衛，只能一邊開會，一邊傳遞食物填飽肚子。歷史上，像這樣的例子還很多。放在今天看，這些人不僅對當世全無幫助，還反遭後人譏笑，可以說是吃力不討好。這他們不是不敬業、不辛苦，他們確實竭盡全力在為國效力，為國家的運作在勤奮工作、奉獻服務，可是他們這樣做，其實是不合乎情理的。」唐憲宗與群臣聽到這裡，若有所思。最後杜黃裳進行總結：「一般說來，帝王最忌不能推心置腹，臣下最忌不能竭盡全力。如果帝王懷疑他的臣下，臣下不能忠心其主，上下不能同心的情況之下，卻要追求政治修明、國泰民安，那實在是太難了。」

唐憲宗聽完，十分同意杜黃裳的建議。後來在杜黃裳及群臣的輔佐下，唐憲宗勵精圖治，重用賢良，落實分工——上無為而下有為，最後開創了「元和中興」輝煌的一頁（以上見解筱文，二〇一七）。

◆充分授權、循名責實，上無為而下有為

杜黃裳給唐憲宗的提醒話語中提到，皇帝要確定政治制度中的賞罰必須分明、用人必須惟才、授權必須充分，必親力親為；如此皇帝就可以清靜無為而治，而臣工則各個願為公事奔波忙碌，自然國家大治。警察組織管理亦然。

二〇〇九年，駱警員自警校畢業後即分發到臺南市政府警察局歸仁分局仁德分駐所。甫到單位，駱警員即負責第八警勤區並擔負一般共同勤務，如執行巡邏、臨檢、值班、守望等。到任半年多的時間，由於駱警員勤務表現正常且工作態度認真、勤快；處理交通事故、民眾糾紛等，都能為各方所接受，處事很圓融，良好表現漸為單位主管所注意，後來即被指派專門配合副所長，共同執行分局交辦的專案勤務，為分駐所爭取績效。

能為分駐所爭取績效，莫過於查緝毒品與槍械。毒品與非法槍械都不是之前負責警勤區工作所能輕易接觸的。駱警員初接觸這陌生的工作，一頭霧水，雖然空有熱誠，但辦理過程往往抓不到訣竅，很多時候花了極大時間精神，最終都徒勞無功。

副所長一開始先不干擾駱警員的工作方法，從旁觀察一段時間，藉以找出駱警員在

承辦毒品或槍械案的問題，再於關鍵時刻予以提示重點。譬如如何利用談話及技巧，誘使犯嫌或線人吐露重要犯罪情資。聰明的駱警員一點就通，等駱警員嫻熟了套話的技巧後，副所長即不再干預其辦案。之後駱警員也因為善用套話技巧，多次查獲大量毒品及槍械。駱警員也在多次查獲人犯後，觀察其行事作風及言行舉止，發現其共通點，無形中提升自己辨別犯嫌的能力。往後只要承辦專案任務，都能圓滿達成任務。

不過駱警員長時間取締槍毒案件，除了長時間曝露在高度危險的工作環境外，最困擾的莫過於不知該如何與線民應對。因為線人是破案的重要情報來源，如何與線民維持良好關係，分寸的拿捏非常重要。為什麼績效優秀的人員同時也容易成為風紀顧慮人員？原因在於高績效人員為了取得線民的情報，很容易不管線民提出的任何需求，都極力滿足他們；但其中有合法的也有非法的要求。當然為了滿足線民的要求，可能有違紀、違法的可能。

副所長原本全面授權駱警員辦理專案，等到觀察到駱警員對與線民的互動充滿疑慮時，即明白表示，雖然追求績效是工作重點，但切莫忘掉從警的初衷，辦案過程尤要重視程序正義，不可過度便宜行事。要記得警察工作是為了維護社會秩序，專案績效只是附加價值而已。承辦專案的人員若發現線民本身有違法情事或提出不合理的要求，應該秉公執法或嚴正拒絕不合理不合法的要求，而非縱容或包庇、睜一隻眼閉一隻眼。否則縱使破獲再多的刑事案件，也抵不上身上揹上一件違法情事；得到再優越的刑事獎項、再高的成就感都彌補不了涉案的折磨。而且不論自己有錯沒錯，訴訟過程將大大影響到自己的警察工作。

從駱警員接辦分局專案後，副所長只有在駱警員刺探案情失敗時教導套話技巧、在駱警員對線民關係經營產生迷惘時提醒要依法而行，此外，一切不道，讓駱警員自行發揮。駱警員也不辱沒長官寄望，不但績效良好，亦潔身自愛，勤餘時間，人際交往不會過於複雜；執勤時間，辦理共同勤務時，也維持應有的紀律。長官於是全權將專案勤務編排給駱警員負責，完全信相駱警員的判斷，當駱警員回報獲得情資顯示轄內將出現犯罪行為時，更無懸念的立即動員所內資源全力支援、配合。有了良好績效做支持，單位裡的氣氛越來越融洽，向心力也愈來愈強，士氣亦發高昂（感謝中央警察大學二技八十四期林立群同學提供以上案例原始材料）。

副所長的信任跟授權，使他無為；而駱警員得到信任，在工作上衝刺，則是有為。此例是上無為而下有為、充分授權、循名責實的最佳例證。

又根據陳富城（二〇〇四）的研究，上無為卻能無所不為的思想，在警察組織領導中可以發揮幾個作用：

其一、在計劃組織發展的方面，領導者，凡事不可心存觀望，必須預做準備。政事是錯綜複雜、經緯萬千的，有問題必須找到病根，觀察細微，分出輕重緩急，按順序對症下藥。以擬定組織未來發展方向而言，應擬訂計畫，作為組織前進的指標。成功領導者必須善於體察時勢，洞燭機先，勇於決策，使組織任何決策作為永遠在最前端。

其二、在決策與溝通方面，領導過程就是獲取、處理、運用訊息的過程。如何才能獲得更多訊息，對事物有更多了解？領導者除了「能知」，還要謙虛謹慎，廣納建言。因領導者決策具有決定性效果，影響層面又大，所以必須特別謹慎。領導者其及部屬既必須擁有足夠知識，又不能偏私偏聽，才可制定具可行性高及大眾可以接受的政策。

其三、在組織指導方面，領導者要先以身作則，當榜樣，也與部屬同甘共苦，如此必能創造出有利的形勢，達成任務。當然在塑造形象過程，要利用不同管道傳達信念給部屬，其中包括自己對工作的責任感、機關的規範等。部屬受其感化，將主動參與工作，上下一心。

其四、在分工授權方面，在位者不必師心自用，要任人不任智，使群臣自為自用。無論部屬好或不好，可不可信，各有其用。部屬得到任用，會向上營求，致力從事。換句話說，領導者要信任部屬，適當授權，減少干預，給部屬發揮空間。如反其道而行，部屬即無自主能力，反倒領導者事必躬親，累死自己。在協調整合方面，組織分工之後，要避免各單位本位主義或個人主義造成分裂。領導者的任務是讓團體凝聚。要化解彼此的衝突，就要「不尚賢」、「不貴難得之貨」，不要特別褒獎或貶低某單位的價值或表現，如此即可免除部屬因爭名利而鬥爭。

此外，陳富城（二〇〇四）指出以上無為思想在警察績效與警紀方面亦有所應用：

其一、在爭取警察績效方面，警察績效制度，在落實政策執行跟公平考核獎懲方面具有意義。經由此制度的施行，能讓員警勇於查緝重大指標性案件，有效消除民眾對犯罪的危害感受。但此制度如刀之兩刃，譬如為求獎勵或避免懲處而有栽贓、刑求、做假等情事出現，反而招致民眾的反感。如又領導者急於爭功，對績效要求太過，也會造成員警過度追求績效，重量不重質，亦可能被有心人所利用。因此領導者及部屬都應該有所自覺，績效是警察部門回應社會、負起責任的一種方式，應採服務導向，必須在滿足自我成就感外，尊重他人、使組織進步才是。

其二、在維護警紀方面，警察的風紀問題往往在於違紀員警過度求生生之厚，欲望太重，而不貴其身。改善之道在減損無用的私欲，並潔身自愛。老子說：「常得乃足，復歸於樸」、「知足者富」。否則員警之「身」乃國家公器，濫用己身求取富貴名利，最後恐怕「希有不傷其手矣」。

張居正裁冗員冗事，財政省氣象新

一　名臣生平

張居正（A.D.1525-1582），明代大臣，湖廣江陵（今湖北江陵）人。嘉靖進士，穆宗時與高拱同為相。留心國家典故，勇於任事，深為徐階所器重。穆宗死，他與宦官馮保合謀逐高拱而自為首輔。神宗年幼，諸事由居正主持，其專於財政改革，前後當國十年（參考自《中國歷史便覽》）。

一 名臣事跡

明神宗萬曆初年，張居正與宦官馮保合謀逐高拱，代為首輔。當時神宗年幼，張居正得到當時攝政的神宗生母李太后的完全信任，一切軍政大事均由他主持裁決，前後任相十年，實行了一系列政治經濟改革措施，收到一定成效。

萬曆元年六月，居正實行考成法，加強對官員的考評，他要求全國各個衙門分置帳簿，記載一切發文、收文、章程、計畫，是為底冊。底冊一式三份，一份本衙門留存，一份送各科備註，實行一件註銷一件，逾期未辦理的，該科上奏候旨，一份送內閣考察，作為官員升降任免的依據（以上見《明實錄・神宗實錄》）。此前，內閣無法控制的言官，也歸到了內閣的管理。如此一來，月有稽，歲有考，大大提高了各衙門的辦事效率；中央到地方的政令暢通；張居正還裁減了大量的庸官冗員；有力地整理了全國稅捐，數年的積欠得以收繳，國庫收入因而增加。最重要的是內閣通過此舉，牢牢把握行政、監察大權，其中樞地位日益顯著。

萬曆八年十月，張居正下令吏部遍查兩京衙門，有冗濫的職位就加以裁撤。萬曆九年正月先裁兩京戶部侍郎以下一百五十六個職位，同年裁撤鄖陽巡撫、順天巡撫、湖廣總兵等地方大員的職位。文武官員從十二萬餘人降到九萬八千人以下。他更推行《一條鞭法》，清查地主隱瞞的田地，改變賦稅制度，使明朝政府的財政狀況有明顯的改善；軍事方面還起用名將戚繼光、李成梁等來練兵，加強華北、邊鎮防務，一時之間使得大明朝有了起色（以上見《明史・徐階、高拱、張居正傳》）。

◆裁撤冗官，節省冗事，新政新氣象

明神宗年間，張居正變法，先是拉高內閣權力，使得行政效率倍增，令出必行；再來削減冗員，既整頓了行政流程的繁瑣，也為國家節省不少支出，使得國家財政得到不少改善，間接增強國防力量，強化了邊境禦敵能量。

英國學者白京生曾提出「白京生定律」，該定律指出機關員額惡性膨脹的現象——政府機關員額之所以日益增加，並非出於業務需要，而是因為機關首長個人喜好的原故；能聘進的員額愈多，也顯示首長擁有愈大的權力。機關存在的歷史愈久，機關資深的庸才便愈多，這也是因為首長不喜歡部屬比自己優秀的關係，於是庸才留下，人才另尋出路。所以，就算有預算員額進行限制，但以臺灣警察機關而言，人力卻是有增無減。除了政府財政負擔增加，警力素質並沒有相對提高；終有人才不足，冗員實多之感（蘇保安，二〇〇一）。

有鑑於此，臺灣警政單位近年來常有檢討機關員額而加以裁撤、整併者。以中央警政機關為例，二〇一六年，警政署配合行政院組織改造方案，著手以全新的角度思考組織功能定位問題，就現有業務性質相近部分，檢討調整與規劃健全合理組織，期能增進警政效能，於是開始進行機關及業務整併。其中基於治安策略工作，以「預防」為優先作為，並結合社區警政與民力運用等考量，於民國一〇三年一月一日設立防治組，將原有戶口組管理科、查察科業務併入防治組；而民防組組訓科業務併入防治組成立民力科。而刑事警察局預防科有關婦幼安全業務，則移入警政署防治組，成立婦幼安全科，藉由提升組織層級以利婦幼安全防護網絡跨部會之協調與配合，並強化婦幼人身安全業務規劃與督考功能，有效推展維護婦幼安全工作（以上見「內政部警政署」網站）。

警察教育機關部分，二〇一六年，中央警察大學所提出的〈就業務量能及衡平性評估所需調整內部組設暨增置、調整職稱及提高職務等階說明資料〉也說明該校未來機關整併預計做法：「中央三級機關內部單位設置原則以業務單位六個、輔助單位六個為上限，本大學現行組織條例所定組設計有七個輔助單位，考量各輔助單位規模、人力配置及業務屬性，並參酌各公立大學組織編制，爰裁撤醫務室。」，另「考量中央研發機關（國家發展委員會）在本大學之主要對應單位為祕書室，且該室職掌之研考事項本為研發之重要部分，爰於祕書室下增設研究發展組，並統一事權，另併入現教務處的國際交流業務、兩學院及人事室所掌理之研究發展事項……以為因應。」（感謝中央警察大學人事室鄧玲礽訓導提供以上資料）

地方警政機關部分，二〇一五年七月一日起，臺北市警局開始試辦「整併派出所」方案，首先選擇將大同分局雙連所併入建成所、大橋所併入民族所。試辦做法係採取轄區整合集中警力模式，建制整併，減少行政工作，但原警勤區警力並未刪減，所以派出所整體警力更集中、更充足，勤務派遣也更能靈活調度；巡邏、臨檢等勤務班次及人次增加，見警率變得更高。而其整併後，地方人士所擔心的校園安全維護，等級亦有所提升。就試辦區轄內的日新國小、大橋國小、蓬萊國小而言，每日上、放學重要時段，均能派遣警力到場定點守望及進行周邊巡邏，上課期間亦能派員加強巡邏維護校園周邊安全（以上見「臺北市警察局」網站）。方案試行四年後進行檢討，合併後，原建成派出所轄區刑案破獲率增加十四.五%；原民族派出所轄區刑案破獲率增加十一.三%。至於受到質疑的廳舍閒置問題，原本的雙連、大橋派出所駐地，除原大橋派出所一樓無償借用市立聯合醫院中興院區，做為社區整合照顧據點；原雙連所一樓為建成義警協勤中心外，其餘均仍由大同分局做為員警待勤室，空間得到充分運用（以上見《蘋果日報》，二〇一八）。

二〇一七年，麻豆分局整併王爺出所與大丘派出所警力，讓六名員警一同運作，大幅提升山區見警率，效果良好，更在二〇一八年一月查獲「許久不曾見到」的通緝犯一名，警力成功整併，居民有目共睹。經過半年試辦，分局認為警力整併後，地方的治安、交通狀況都更加良好，因此決定正式將王爺派出所裁撤。日據時代就有的王爺派出所，因為道路修築，更改路線，失去其重要性，原僅配置三名員警，不僅幾乎都在所內辦理業務，過勞情形嚴重，也再沒有多餘警力外出巡守轄區。最後臺南市警局試行整理後決定裁撤王爺派出所，從日據時期就已經存在、淵源悠久的王爺派出所正式走入歷史（「三立新聞網」，二〇一八）。

二〇一八年，花蓮縣警察局考量駐地與人力調度問題，將花蓮縣分駐派出所設置地點重新檢討並加以調整整併或裁撤。但花蓮縣審計室查核發現，新城及玉里分局經管已裁撤之分駐派出所辦公廳舍，除北三棧安檢所、洛韶派出所、慈恩派出所、舊合歡派出所、崙山派出所、太平派出所及長良派出所，目前提供巡守隊、地球科學研究院、卓溪鄉公所、退警協會等單位使用，尚有十一處廳舍皆呈閒置狀態，欠缺具體活化再利用計畫，為使閒置公有設施及土地能落實活化再利用，目前已著手計劃改善，以提升使用效能（《東方報》，二〇一八）。

洪承疇降清保漢文，落實聯名保舉

一 名臣生平

洪承疇（A.D.1593-1665），明末清初將領，福建南安（今福建南安）人。萬曆進士，崇禎時任兵部尚書，崇禎十四年率十三萬大軍於松山會戰中敗於清軍，次年被俘降清。順治元年從清軍入關，次年任江南總督，鎮壓抗清義軍。後又統兵攻占雲南。聖祖即位後退職（參考自《中國百科大辭典》）。

名臣事跡

洪承疇原為明將，兵敗降清後受命安定江南。清軍占領江南後，洪承疇採取以撫為主、以剿為輔的策略，同時進行一系列減輕百姓負擔、刺激經濟發展的措施，儘量避免過多的武裝衝突和流血，為促使國家迅速統一和安定社會秩序發揮積極作用。如招撫、舉薦大批明朝降官，請求清政府減免錢糧、停徵漕運稅等，緩和滿漢之間的民族矛盾和階級矛盾，促進形成安定局面。他以「原官、司留任，不念舊故」為條件，用和平方式招撫甯國、徽州、九江、南昌、袁州、南康、吉安、廣信等十三府，使得這些地方免遭兵火浩劫。

當然，洪承疇受命招撫江南，也鎮壓屠殺了許多不肯降清的江南抗清義軍、斬殺了擁護明皇室的義士，如左僉都御史金聲、大學士黃道周、明宗室長樂王朱誼石、里安王朱誼防、金華王朱由產、高安王朱常淇、瑞昌王朱誼貴等部等。因而遭到抗清人士的一致唾罵和譴責，金聲、黃道周被俘時都痛斥他無恥變節，連他的母親和親弟弟洪承畯也都面責他的不忠。

雖然舊同僚與至親不甚諒解，洪承疇仍努力想方設法保全漢文化與漢制度，像是他曾建議清廷多多採納明朝的典章制度，用以完善清王朝的國家制度，洪承疇的言論也大多被順治帝採納推行。譬如清朝就恢復明代的內閣票擬制度，以便大學士對用人行政等要務能有所指導，六科也可以據以摘參，從而達到防微杜漸的目的。洪承疇還建議九卿科道會推督撫提鎮官員實行保舉連坐法，慎重舉薦的連帶責任。為了鞏固清政府的統治，洪承疇更建議統治集團也必須學習漢文獻，通曉漢語，進而瞭解漢人禮俗，宣導儒家學說，逐漸淡化滿漢之間的文化界限。（以上見《明清史料》甲編第六本、《大清世祖章皇帝實錄》卷六十九）洪承疇的諸種建議得到落實，充分加速了中國局勢的穩定與後來的滿漢大融合。

◆師徒連帶責任，做中學、做中教

洪承疇雖然降清，但在他的斡旋之下，保全了不少明朝遺民；因為受到康熙的重用，也多次建言保全漢人文化，並得到康熙的支持。他更主張舉薦人才應負連帶保證責任，保障一部分新任官員的表現及素質。目前臺灣警界，除了有連坐法——所轄官警出事，最高主官需負政治責任，下臺負責外，用以經驗傳承的師徒制，也將負責指導新人的老鳥跟菜鳥綁在一起，讓剛分發到單位的新人能在最快時間內進入狀況。

陳警員甫從臺灣警察專科學校畢業後即分發至高雄市政府警察局苓雅分局某派出所，一下單位，立即單獨負責警勤區。剛下單位的新鮮員警對警察工作完全不瞭解，也特別感受到學用的落差。譬如警校的課程對筆錄的製作、交通違規單的製發、與民眾應對進退、完成派出所書面業務等等，都沒有詳細說明。

所幸當時的李所長發現了這個問題，指派資深的學長從旁指導。陳警員也發現，要加速新人進入狀況，很大比例依賴有經驗的學長。所以派出所運作說是幾乎靠師徒制，並不誇張。也因此，派出所績效如何，跟身為指導員的學長素質習習相關。如果得到積極任事的學長教導，新人就會學到正確的工作態度，汲取到豐富的辦理業務經驗；反之，消極的學長可能就會要求新人同流合污，只會教導新人如何混水摸魚。所以基層派出所主管對於人員的調動必須認真考慮到，一間派出所優良傳統經驗如何透過師徒制落實傳承。

舉例來說，陳員警所被指派到的王學長，除了十分資深外，也是被指派給派出所報到新人的固定班底。為了傳承該派出所的優良傳統，任何一任所長在交接工作時都會提到：「千萬不要更動王警員的工作，給他教出來的新人，表現都很不錯。」以新到任的陳警員而言，雖然他對於擔任警勤區工作完全沒有概念，但有王學長從旁指導，陳警員清楚地知道警勤區家戶訪查時要留心那些跡象、如何巡簽家戶訪查簿、如何巡簽鄰里長巡守簿等。同時陳警員也學到如何透過瞭解警勤區的特性（如住宅區、住商混合區、商業區、文教區、特種行業聚集區等），擬定相對應的治安作為，並在事後運用社區警政理論進行分析檢討。

除了師徒制及指導學長的好壞對派出所外勤業務的影響，陳警員也發現優秀的指導學長對內勤的重要作用。像是社區警政中最重要的守望相助巡守隊業務，地方派出所除了要跟巡守隊保持良好關係外，也要協助辦理巡守隊的誤餐費、評比獎金，並幫忙巡邏表人員班表等。但這些業務十分紛雜，並非新人一朝一夕便可學會。李所長見陳警員手足無措，於是安排前一任承辦的周學長從旁指導。雖然周學長對巡守隊的業務十分嫻熟，但因為他已經被調離原職，另外負責其他繁重的業務，能指導陳警員的時間非常有限，造成陳警員每每核銷巡守隊誤餐費、評比獎金金額的時候總是緊張萬分。因為核銷經費，必須小心核對出勤巡邏表的名單，查看巡守隊員是否有偷勤、脫勤、浮報金費等情形發生，如果比對不實或不正確，造成冒名頂替或是虛報金額情事，將可能導致巡守隊員及承辦人涉犯「偽造文書罪」及「詐欺罪」等。

雖然陳警員認為周學長能教導他的時間有限，導致他初期辦理相關業務時戰戰兢兢，所幸中間沒有發生失誤。而且周學長也利用中間交接時間提醒他務必要求巡守隊員若在巡守鄰里時，若發現不法人士，切忌直接與之衝突，一定要一邊尾隨在後，一邊報警處理。果然在陳警員多次提示巡守隊員後發揮作用。某夜巡守隊員執行鄰里巡邏時發現偷竊犯嫌，該巡守隊員即遵循陳警員平時的工作提示，立即報警並尾隨跟蹤的方式，讓警方到場後將其逮捕。從這個例子可以看出，讓有經驗的學長能有空好好教導新人或有充裕時間交接工作重點，其對治安工作肯定大有助益（感謝中央警察大學二技八十四期吳俊生同學提供以上案例原始材料）。

是故，基層派出所長在交付業務給新的同仁前，應指派優秀的資深警員擔任指導員，並給與合理的交接或訓練時間。新人、舊人綁在一起，一榮俱榮，一辱俱辱；才能讓新人在最快速度內進入狀況，不致拖累單位。

尹繼善風流交名士，爭取輿論支持

一 名臣生平

尹繼善（A.D.1694-1771），清代大臣，滿洲鑲黃旗人。雍正元年進士，改庶吉士，授編修。五年後即升為封疆大吏，方年三十餘歲。自此，一任雲貴總督，三任川陝總督，四任兩江總督，江南任上長達三十餘年。累官至文華殿大學士，加太子太保，謚文端。公事之暇，最喜讀書（參考自《中國文學大辭典》第三卷）。

一名臣事跡

東南文人薈萃，尹繼善受乾隆指派，到南方任官後特別重視獎勵文化人士與文化事業。譬如尹繼善的幕府招覽人才，特別強調要有文化素養，因而名聲大著、頗得地方士心。公餘之時，尹繼善還廣交文化友人，與諸名士同遊山水，吟詩拼酒。與他交往的名士如秦大士、蔣士銓、曹西有、宋寶岩、袁枚等，都是當朝知名的文人。

尹繼善不只善待文化人士，他本身也是才思敏捷，頗受地方推崇。譬如尹繼善初到江南，遇到知名的海甯文人楊守知，便禮遇有加，向他問安。楊守知蒙其盛情，言道：「感謝您的禮遇，不過我年紀大了，不能為您盡力，『夕陽無限好，只是近黃昏』。」尹繼善回道：「不是這樣的，您沒聽過『天意憐幽草，人間重晚晴』嗎？」楊守知一聽到尹繼善也是引用詩文回應他引用的詩文，十分吃驚。後來便跟人說：「不要小看尹繼善年紀輕輕就考上功名，他的詩文底子可是十分深厚的。」

又如乾隆十三年，尹繼善在蘇州遇到錢陳群，兩人吟詩唱和，唱和了十餘回仍然沒有停下來的跡象，身邊要互相送行的人全都等到累壞了。等到錢陳群行至嘉興，尹繼善又派人追寄一首送行詩，錢陳群見狀只好回信請求休戰。這時袁枚剛好路過蘇州，知道錢陳群求和信的內容，還寫詩嘲笑錢陳群。尹繼善一知道袁枚在附近，又跑來與之吟詩唱和，此事一時蔚為佳話。

其實，從尹繼善的文化素養以及他與袁枚等文人的交往，可以看出清廷為什麼讓其長期任職東南，而不像當時一般督撫那樣頻繁調動。這是因為東南地區，不同於內地，當地存在相當龐大的文人團體，即使是普通百姓，文化素養也較內地為高，要使民情悅服，地方官單單只靠「清」和「能」兩個條件怕是遠遠不夠。像黃廷桂本是雍正、乾隆之際的一個大能臣，但任兩江總督不到三年，就聲名狼藉。乾隆給黃廷桂的評價是：「他實在不適合在江南任官。這是因為江南當地人，個性普偏斯文柔弱。但黃廷桂性情剛躁，派他去那裡任官，差不多就是水火不容的情況……被黃廷桂呵斥的人心中埋怨就算了，就連被他獎勵嘉許的人也不會覺得高興。久而久之，他講的話也就沒人要聽了。如果一定要派他留在當地，等於是違反了他的個性、浪費了他的長處。」也因此，乾隆皇才改派尹繼善取而代之。

確實，文化發達的江南地區，地方人士不但要求統治者正直廉明，也要求他們懂得獎勵斯文，甚至自身還要有能力引導風流。對此，精明的乾隆當然十分清楚，所以他派具有深厚漢文化素養的尹繼善為兩江總督。乾隆皇對尹繼善的滿意程度，也充份反應在他對尹繼善的高度評價中：「滿洲翰林之中，優於文學，兼能通達政事的，無人能跟尹繼善相比。」（以上見《清史稿・尹繼善、劉於義、陳大受、張允隨、陳宏謀列傳》）

◆做好公關工作，爭取輿論支持

本身即具極高文化素養的尹繼善，到江南出任兩江總督。不止優待文化人士，本身還能與之唱酬往來，因而在當地士人間取得很大的支持，竟一任三十餘年。警察如何維持好的公共關係，形塑良好形象，又能取得各方支持，近幾年在警察學界，成為一門顯學。

根據黃炎東（二〇〇六）的研究，公共關係之良窳，關係到機關團體或個人事業成敗與否。在社會正處於急遽變遷，而國家競爭力亟待提昇，以確保民眾高品質的現代化生活之際，任何國家之機關團體或是個人之企業無不重視公共關係工作之研發與促進，否則很難達成其工作績效之預期效果，甚而危及其本身事業之生存與發展。

要保持包括警政機關在內的國家機關與社會間的良好關係，黃炎東（二〇〇六）以為必須做到：

第一、以誠實與信賴建立自我的良好形象。唯有誠實才能獲得他人永久的信賴與支持，它亦是為人處事的最佳政策。

第二、做好人際溝通關係。一般所謂溝通乃是指「說」與「聽」之互動過程，而過程如果順暢，彼此能了解其傳遞之訊息，且能引起共鳴，我們就認定其溝通是良好，否則必然發生溝通障礙。因此，要做好一個公共關係者，其最重要的要訣必須精於溝通之良好技巧，亦就是具備能將訊息運用於彼此互動的溝通能力。

第三、以互助互信的心情迎合別人的需求。你怎麼待人，別人就怎麼待你，你若迎合別人的需要，別人便會同樣回報你。

第四、平時做好媒體的公關與熟練媒體之運作技巧。處在這個資訊科技發達的時代，任何機關團體或個人之事業若不能了解媒體之功能與運用，那是無法順利去實踐其工作的良好預期效果的。因此公關人員必須學會如何與記者溝通聯繫，撰寫得體而有利於自己機關團體之正面報導的新聞稿，處處要考慮到記者的需求，熟練運用媒體之技巧，滿足讀者或觀眾的需要，必須有規劃地蒐集最新的新聞媒體（含平面、電子媒體）

記者、編輯、總編輯、採訪主任或製作人之名單，遇有事件立即親自與他們聯繫，至少必須將新聞稿提供給他們，同時必須注意媒體的時效性。要慎重選擇經過訓練而熟諳發言技巧的發言人，而所提供的新聞必須能充份把握住觀眾的當前利益，如此的新聞才能夠真正獲得媒體的青睞，而加以作有效的報導。

第五、做好國會與政府部門及各有關政黨之公共關係。民主政治就是民意政治又是政黨政治，因此任何機關團體要能發揮一流的高效率與高品質之公共關係功能，就必須獲得民意有力的支持，而代表民意最具體，最有效的機關，就是國會、各政府機構、政黨及有關壓力團體等。因此身為現代的專業公關人員必須充分的了解國會與各政黨的組織、功能與運作方式，並與他們皆能保持密切之關係，才能在各項政策、法案、經費預算等審查獲得他們有力的支持。

第六、做好危機處理工作。再健全堅固完美的機關團體或是個人難免會有各種大小狀況發生，同此任何個人或機關團體皆應具有防範危機發生與處理危機事件之觀念與能力，尤其是機關團體之主管及公關人員更需有處理危機事件之公關知能以因應各種危機事件之發生，確保機關團體之生存與安全。

隨著政治的民主化、經濟的自由化、社會文化的多元化，不但多所大學開設公共關係課程，而公共關係公司或政府機關有關單位亦大量增設公共關係之組織部門，在專業人員的推動下，政府機關、私人部門充份發揮媒體傳播與決策功能，並進而有效處理機關團體或公司行號所發生的各種危機問題。尤其是執行國家公權力的警政人員更需要有現代的公關理念，發揮公關的智慧與技能，才能與各界建立良好關係，則全民拼治安的工作當能收到事半功倍的高度效能與品質，以確保國家的安全與民眾的安寧。

除了依賴公共關係公司提供協助，政府部門，尤其是警政理論與實務單位內部，更應加強培訓高級的公關人才，以因應日益複雜的社會，以真正達到警政現代化之境域。以警政署陳前署長為例，陳前署長甫上任，即設立了署長臉書專頁，讓基層員警能有暢通管道表達不滿，還跑去許多國家與城市，和當地警察一同受訓、廣結善緣，同時進行國民外交。陳前署長在出任署長前，曾擔任高雄市政府警察局鹽埕分局、臺北市政府警察局松山、萬華及中山等分局長；嘉義市警察局及臺中縣警察局長；警政署公關室主任及主任祕書。他在擔任警政署公關室主任期間，籌辦各項大型宣導活動，充分發揮創意，成功改善警察形象。擔任嘉義市、臺中縣警察局局長期間，更以創新有效的治安作為，多次獲得政府服務品質獎。新北市警察局長任內，在《遠見雜誌》「縣市總體競爭力大調查」中，新北市在客觀「治安指標」方面，領先群雄拿下五都第一。除此之外，陳前署長也是一位懂得傾聽基層、善用網路溝通、積極與國際趨勢接軌的署長。如在新北市政府警察局長任內，建立多項創新措施，讓民眾及基層警員有多項管道可直接和局長溝通即是。（《自由時報電子報》，二〇一五）

陳宏謀詳考察民風，理遺規教官民

一 名臣生平

陳宏謀（A.D.1696-1771），清代大臣，廣西臨桂（今廣西臨桂）人。清雍正年間進士，乾隆時曾任陝西、湖南、江蘇等省巡撫和湖廣總督。任職期間重視農田水利的修建和航道的疏通，取得相當成效。一生刻苦好學，律身嚴謹，重實踐，輕空言（參考自《倫理學大辭典》）。

一 名臣事跡

陳宏謀是雍正、乾隆時期清官廉吏的代表，又是清代的理學名臣。他為學專攻宋代二程、朱熹之學，強調明體達用、知行合一。無論是為官還是治學，陳宏謀都可稱得上是一代楷模。《清史稿．陳宏謀傳》評價他：「乾隆年間，若要談論封疆大吏之間的賢人有誰，怕只有尹繼善與陳宏謀了……陳宏謀學問尤為醇厚；所做所為都能左右民生風俗，這大概是古人所謂的大儒能對國家產生影響吧！」

政治方面：陳宏謀先後擔任過浙江、雲南、江蘇、陝西、河南、兩廣等十三個行省的布政使、按察使、巡撫、總督等職，並出任過揚州、天津、江寧這三個繁華地區的府道官，總計外任三十七年。其時間之長，職務之繁，為同時代人所不能及。陳宏謀為官廉潔自律，打擊腐敗，重懲貪官污吏；因為重視人民生活，也大舉興修水利，操辦工業。其忠君愛民之心不言可表。

學術方面：陳宏謀在繁忙政務之餘，仍筆耕不輟，著作甚豐。尤其是他的《五種遺規》影響很大。《五種遺規》是陳宏謀對前人遺留下來的生活智慧，加以過濾選擇的成果，或者是值得思考的嘉言，或者是值得學習的懿行，都把他謄錄下來，當作今人的榜樣。《五種遺規》的內容分別是——《養正遺規》以蒙學少年為宣傳對象，教他們如何讀書、立志，共四卷；《訓俗遺規》以士、農、商賈等為宣傳對象，教他們如何處世做人，共四卷；《從政遺規》以為官者為宣傳對象，教他們如何上遵聖訓，下符民望，共二卷；《教女遺規》以女孩為宣傳對象，強調女德女智的教育，共上、中、下三卷；《在官法戒錄》以胥吏掾史為宣傳對象，要他們見善事而以為法，見不善事而以為戒（以上見《清史稿・尹繼善、劉於義、陳大受、張允隨、陳宏謀列傳》）。

◆要求操行、嚴守官箴

陳宏謀既是清官能吏，歷任各級職位，公餘又能留心學問；既希望能移風異俗，又重視吏教之整飭；所以他編定各種遺規，做為教化之用。其中的《從政遺規》與《在官法戒錄》，主要是針對為官為吏者所編，要在提供公務從事的言行準則。

警察依法維持公共秩序、保護社會安全，身著制服、配帶警械，巡視於街頭。警察工作常與民眾直接接觸，執法過程強力干預人民自由，相較於一般公務員，更具有國家公權力象徵。是以警察的言行若未符合法令規範、道德標準或社會期待，輕則衍生勤務違失或風紀問題，重則遭到媒體放大檢視，動搖民眾對公部門的信任。

有鑑於此，世界各國乃至臺灣，都訂有如《從政遺規》、《在官法戒錄》般的相關準則，俾供執法人員參考。如聯合國曾開會通過的「警察守則」草案、國際警察首長協會曾訂定的「執法倫理守則」、我國內政部訂定的「警察人員服務守則」等即是。

警政小常識

◎聯合國「警察守則」草案：

一、警察必須達成法律所負予的任務，以及專業所要求為社會服務、保障全民免於非法侵害的重責大任。

二、警察在執行任務時應尊重並保障民衆的尊嚴，且應維護全民的人權。

三、警察執行任務時，絕不可過當地行使非必要的公權力。

四、凡警察專業中具機密性質之事均必須予以保密，除非基於執行任務或司法審判需要，否則不能洩密。

五、警察不可對他人施加任何折磨或其他慘無人道虐待，不可唆使他人為之，也不可容忍之，更不可引發戰爭或激起戰爭的恐慌、製造國際政局動盪或任何公衆危難，此類情況與對他人施加折磨或其他慘無人道虐待的舉動無異。

六、受羈押囚禁的人犯若有需要醫護者，警察應確實提供此類照顧，且需立即採取行動以配合其需要。

七、警察應避免任何貪污腐化的行為，並應大力反對之，且予以打擊。

八、警察必須盡己所能表現正當的行為，避免並防止任何違反守則之事，且要極力反對之。當發現違反守則之事或預知其即將發生時警察應向直屬上級單位報告，或其他採取類似的合法途徑舉發之，必要時可向任何具有審核權或糾正權的機構報告。

九、警察負有國家法律所賦予的保護之責，在踐履此守則時，若不隨時誠實且理性地自我評估，即將有逾越法律權限之虞。

十、凡服膺此守則中各項條文的警察，值得大家及其服務機構予以尊敬、支持與配合，且將受警界擁護。

◎國際警察首長協會「執法倫理守則」：

一、基本職責方面——身為執法人員的基本職責有下列四項：（一）服務社會；（二）保障人民的生命與財產；（三）保護無辜者免受欺騙、保護弱勢者免受壓迫或威脅，和保護愛好和平者對抗暴力和失序；（四）尊重憲法賦予人民有關自由、平等和正義的權利。

二、工作生活方面——在工作生活上，應該（一）保持私生活的純潔而足為全民表率，且行為規距而不致引起別人對我或對我的單位的質疑；（二）保持具勇氣般的冷靜以面對危險、蔑視或嘲弄，培養自制能力，並時時關懷別人的安寧；（三）在個人和公務生活上，要有誠實的想法和行為，並成為服從法律與機關規章的模範；（四）謹守公務上所見聞的機密。

三、執法態度方面——在執法態度方面，應該（一）從不擅用職權行事，或致令感情、偏見、政治信仰、渴望、憎恨或友誼來左右我的決定；（二）對於犯罪絕不妥協，對於罪犯的偵查絕不存婦人之仁，在執法態度上，應有禮節和適當，無所懼怕或偏頗、憎恨或惡意、從不使用不必要的武力或暴力，以及從不貪小便宜。

四、品德操守方面——在品德操守方面，應該（一）視職務徽章為公信力的象徵，且相信只要信守警察服務倫理，就能得到公眾的信任；（二）從不從事貪污或受賄的不法行為，亦不寬恕其他警察同僚有此不法行為；（三）配合所有相關的權責機關和人員，共同追求正義。

五、專業能力方面——個別警察人員應該單獨為自己所訂的專業績效標準負責，並爭取每一個合理的機會，去加強和改進個人的知識和工作能力。

◎我國內政部「警察人員服務守則」：

一、為建立警察人員依法維持公共秩序，保護社會安全，防止一切危害，促進人民福利等四大任務及實踐廉正、忠誠、專業、效能、關懷等核心價值，特訂定本守則。

二、警察人員應依法行政，重視榮譽、誠信並應具道德感與責任感。

三、警察人員應提升廉能法治觀念、建立警察優質文化，培養愛民、服務之人生觀。

四、警察人員對於長官監督範圍內所發之命令，有服從義務，如認為該命令違法，應負報告之義務。該管長官如認其命令並未違法，而以書面下達時，屬員即應服從，其因此所產生之責任，由該長官負責，對長官監督範圍內所發命令違反刑事法律者，無服從義務。

五、警察人員應保持行政中立，不得介入任何政治選舉、派系紛爭，或私人事件。

六、警察人員應絕對保守公務機密，對於機密或偵查案件，無論是否主管事務均不得洩漏。各警察機關除主官（管）、發言人及經主官（管）指定之人員外，其他警察人員一律不得對外發布新聞或提供新聞資料。

七、警察人員執行職務如發現有利益衝突時，應依規定自行迴避。

八、警察人員應廉潔自持，不受任何請託、關說、或參加不正當之飲宴應酬活動。

九、警察人員不得要求、期約或收受與其職務有利害關係者所為之餽贈、招待或其他利益。

十、警察人員應重視榮譽，言行舉止應端莊謹慎，不得酗酒滋事、酒後駕車或參與非法賭博財物之活動等有損其職位尊嚴或職務信任之行為，以維警察人員形象。

十一、警察人員不得涉足不正當之場所或從事其他足以影響職業尊嚴之事務或活動。

十二、警察人員不得利用職務上之權力或機會，直接、間接圖自己或他人之利益或加損害於他人。

十三、警察人員不與治安顧慮人口，特種工商業、風紀誘因場所或其他非法行業之業者、代表人、受雇人不當接觸。

十四、警察人員不得以專業證照違法兼職或租借他人使用，亦不得經營商業、投機事業及投資與風化、治安有關之行業及參插不法行業暗股。但投資於非警察機關監督之農、工、礦、交通或新聞出版事業，為股份有限公司股東，而其所有股份總額未超過公司股本總額百分之十者，不在此限。

十五、警察人員應積極充實職務所需知識技能，熟悉主管警察法令並實踐終身學習，保持專業水準，與時俱進。

十六、警察人員對所辦理之案件及其他職務上應處理之事務，均應迅速處理，以提高行政效率與工作績效。

十七、警察人員對人民所需要及所遭遇之困難，應以同理心，並基於法令規定與職權範圍，即時提供必要之協助與照護，增進人民信賴感。

十八、警察人員如有違反本守則規定者，按其情節輕重依「警察人員獎懲標準」或其他相關規定辦理懲處。其觸犯刑事法令者，並依各該法令移送司法機關法辦。（以上引自黃永孝，二〇一四）

第三部

歷代名臣智謀與犯罪偵防

陳平取千金用離間，崩解項羽陣營

一 名臣生平

陳平（B.C.?-178），漢初大臣，陽武（今河南原陽東南）人。漢朝建立，封曲逆侯。漢惠帝、呂后、漢文帝時官至丞相。少時家貧，好讀書，學黃老之術。秦二世元年，陳勝、吳廣起義後，先事魏王咎，後從項羽入關破秦，任都尉。旋歸附劉邦，歷任都尉、亞將、護軍中尉，為跟隨劉邦左右的重要謀士之一（參考自《中國歷代文獻精粹大典》下冊、《中國文化人物辭海》）。

名臣事跡

劉邦平定三秦後向東進軍，卻遇到殷王司馬卬反叛楚國。項羽於是封陳平為信武君，讓他率領魏王咎留在楚國的軍隊前往彈壓司馬卬。陳平順利擊敗司馬卬後，項羽任命陳平為尉，並賞給他黃金二十鎰。但過了不久，劉邦又占領了殷地。此舉讓項羽大怒，項羽認為是因為前次平定殷地的將領失職的原故。陳平害怕被殺，便原封不動的將項羽賞賜給他的黃金和官印，派人送還項羽，自己則單身拿著寶劍抄小路逃走。

陳平逃到修武時，透過魏無知這層關係求見劉邦。劉邦接納了陳平，並率軍往東討伐項羽。沒想到到了彭城，反被楚軍打敗。劉邦領兵折返，一路上集結散兵。一到滎陽，便任命陳平為副將，隸屬於韓信管制，並要陳平駐紮在廣武。

楚軍追擊，把劉邦圍困在滎陽。劉邦受困許久，向項羽表示，希望能割讓滎陽以西的地區來講和，但項羽並不同意。劉邦向陳平說道：「天下局勢紛紛擾擾，要到什麼時候才能安定呢？」陳平回答：「項羽為人謙恭有禮，對於人才十分愛護，所以具有節操又崇尚禮儀的讀書人多歸附他。可是一旦到了論功行賞、授爵封邑時，項羽卻又十分吝嗇，讀書人於此又討厭他了。如今漢王您態度傲慢又沒禮貌，具有節操的讀書人不願前來歸附；但是漢王您捨得給人爵位、食邑，所以那些圓滑、沒有骨氣、好利無恥之人又多愛來投靠您。您跟項羽，只要誰能改掉自己短處，採取對方長處，那麼只要招招手的工夫，天下就大定了。因為漢王您很愛隨意侮辱人，一時間還網羅不到到具有節操的讀書人。但是楚軍卻有可以加以擾亂的地方。項羽手下剛直的臣子只有亞父范增、鍾離昧、龍且、周殷這幾個人而已。如果漢王您捨得拿出幾萬斤黃金，讓我拿去施行反間計，離間他們君臣，讓他們互生懷疑之心，項羽個性猜忌多疑，聽信讒言，一定能造成他們內部自相殘殺。漢軍便可趁機攻打他們，一定能成功擊敗楚軍。」劉邦認為陳平說得很有道理，於是拿出黃金四萬斤，讓陳平自由使用，也不過問他的支出情況（以上見《史記・陳丞相世家》）。

陳平領了黃金，便在楚軍中進行離間活動，要收賄的眾將領傳播耳語，說鍾離昧等人功勞很多，但始終不能劃地封王，所以打算跟漢王聯合起來，回頭消滅項王，並瓜分楚國已經取得的土地。項羽聽到謠言，果然開始懷疑鍾離昧等人。

後來項羽派使者到漢王劉邦那兒。劉邦準備了豐盛的食物。可一見到使者，故意裝作驚訝道：「我還以為是范增的使者來了，原來是項王的使者呀！」再把食物撤去，換上粗茶淡飯。使者一回營便面告項羽他所受的不平待遇。項羽因此也開始對范增產生懷疑。後來范增建議要速速攻下滎陽，項羽不採信他的建議。范增知道項羽懷疑自己，生氣的說：「天下之事大定了，項王您好自為之！希望您可以同意有病的我告老回鄉！」項羽聽了並不慰留，沒想到范增還未走到彭城，背上的疽便發作死了。

等韓信平定齊國，自立為齊王，再派使者稟告劉邦。得知韓信自封，第一時間劉邦大怒地斥罵韓信。身邊的張良、陳平趕緊給劉邦打暗號，並對劉邦說：「漢軍正處在不利地位，怎麼能不讓韓信自立為王？不如順水推舟，並令他把齊國守得牢牢地。否則齊地可能會發生變故。」劉邦馬上改變態度，款待韓信派來的使者，並讓張良下令，立即封韓信為齊王，同時封戶牖鄉給陳平（以上見《史記・陳丞相世家》與《資治通鑑》卷十一）。

同年九月，楚漢雙方陣營因不堪連年戰爭，同意簽立鴻溝條約，以鴻溝為界，中分天下。當劉邦率兵西歸時，陳平和張良勸道：「漢軍控制了天下大半，諸侯都歸附漢王；現下楚軍疲憊而且糧草用盡，這是天滅亡楚國的良機。如果放棄楚軍不加以追擊，就是所謂的養虎為患。」劉邦同意他們的建議，率兵折回，追擊楚軍，最終滅楚（以上見《資治通鑑》卷十一）。

◆挑撥犯嫌、各個擊破

劉邦被楚軍圍困在滎陽，一愁莫展，卻得到陳平的計謀，最後反敗為勝。漢軍之所以可以扭轉劣勢，在於陳平得到劉邦充分信任，取得千金，到楚軍陣營裡面收買人心，並挑撥楚軍的團結所致。

警方偵查犯罪，往往亦會利用犯罪團伙之間的矛盾，加以離間，各個擊破，藉以取得更詳細的案件細節，提高定罪率。譬如二〇一四年，臺中市警局黃巡佐某日值班，突然接到一通投案電話，來電的是遭臺中地檢署發布毒品案通緝的陳男及其女友。除了來電投案外，也同意警方到其居所搜索，並通知其他也利用該處所藏匿的其他具毒品前科的友人回來自願接受驗尿。陳男之所以自投羅網，在於他突然覺悟，認為吸食毒品的惡習毀了他的一生。為了避免未來橫死街頭，故而決定投案，服刑出獄之後，再與女友好好扶養十二歲的兒子。同時，陳男也在警方的策動鼓勵之下，檢舉了他的藥頭張某。

其實陳男如果不想投案的話，可以繼續安全的在居所裡吞雲吐霧。這是因為張某的母親為了保護自己的毒蟲兒子，每當兒子與其他毒蟲在家裡吸毒時，張母都會在門外把風，若有一點風吹草動，就叫兒子及吸毒友人從後門離開；加上張家位置公園旁，附近並無可供搜證警察遮蔽躲藏的地點，所以雖然曾有人檢舉本處有人吸毒，但是每每警方到場查處，總是一無所獲。但他為了自己、為了家庭，最後大澈大悟，向警方投案。

當然警方將其遞解歸案，也想了解他的上游供貨商。第一時間陳男並不想出賣藥頭張某。但在警方以減刑為條件，並要陳男想想自己小孩後，陳男遂招出張某。為何陳男在意自己小孩，便招出張某？原來張某除了提供毒品外，也曾與陳男及其女友一起吸食過毒品安非他命。在共同吸食的過程中，陳男發現張某擁有大量的安非他命，有販賣的事實。又想到自己與女友共同扶養的十二歲兒子，萬一未來遭到類似張某這樣的藥頭誘惑，也跟自己及女友一樣成為毒蟲，一生枉然。

再加上張某幾次吸食毒品後，產生幻覺，多次揚高要殺掉陳男及其女友，雖然尚未付諸行動，但吸食毒品後，總有拿刀揮舞，作勢殺人的動作，恐嚇陳男與其女友外，還不斷用三字經、五字經辱罵陳男及其女友，明顯具有傷害人的暴力傾向，離真正動手殺人大概不遠了。想到這裡，加上警方勸說，陳男才下定決心，檢舉張某（感謝中央警察大學二技八十四期黃俊嘉同學提供以上案例原始材料）。

另如二〇一五年新竹縣林男因涉嫌偷車遭警方通知到案說明，由於他不願配合偵訊，員警使出「隔離偵訊」技巧，使其誤認同夥已落網且招供，不僅坦承偷車，還抖出同夥其他犯行。新竹縣林男二〇一五年五月在竹東鎮偷走一輛轎車，警方多日來調閱附近十多支路口監視器，查出遭竊車輛最後出現地點，且掌握到另一名男子騎乘機車前來接應，警方便以車追人，傳喚機車車主林男到案說明。警方表示，林男到案時狡詐不願多談，且言不及義，員警苦思後，想到某次有資深員警跟他分享「隔離偵訊」手法，於是透露「另一名嫌犯已招供」等訊息給林男，使其誤以為自己遭同夥出賣，不僅坦承竊車，還抖出同夥石男的其他犯行。林男供稱，石男不僅是該起竊車案的同夥，日前也在竹東鎮富貴街與竹東火車站附近敲破他人車窗竊取車內財物，且贓款都是用來購買毒品吸食。林男將石男所有不法行為統統說出，警方也在完成林男偵訊後，通知石男到案，將全案依竊盜、毒品罪嫌函送新竹地檢偵辦。（《自由時報電子報》，二〇一五）

蕭何進咸陽取圖書，掌握天下大事

一 名臣生平

蕭何（B.C.257-193），漢初大臣，沛（今江蘇沛縣）人。早年任秦沛縣主吏掾，與劉邦有舊交。秦二世元年隨同劉邦起兵，為沛丞。攻克咸陽後，諸將皆爭奪金銀財寶，獨蕭何收秦丞相、御史府所藏的律令、圖書，使劉邦得以掌握全國戶口，民情和地勢，對日後制定政策和取得楚漢戰爭的勝利做出極大貢獻。封爵酇侯，身列漢初三傑之一（參考自《二十六史精要辭典》上冊）。

一、名臣事跡

秦朝末年，陳勝、吳廣假借秦太子扶蘇與楚國將軍項燕的名號，發動起義，反抗朝廷，各地紛紛響應，一時天下大亂。蕭何和曹參、樊噲、周勃等人聚集商議如何應對。沛縣縣令原本打算順從蕭何、曹參等意見，起身反秦，不料卻馬上反悔，還打算將蕭、曹兩人以反賊罪名加以逮捕。此時，擔任亭長的劉邦已經縱放囚犯，反秦起義，蕭、曹兩人便與劉邦裡應外合，殺了沛縣縣令。本來因為蕭、曹兩人的地位較高，被推為首領，但兩人卻有所顧忌。後來鄉中父老為此事進行卜筮，認為劉邦最適合擔任首領，因此蕭、曹等人便推舉劉邦為沛縣反抗軍首領，蕭何、曹參為其部下（以上見《史記・高祖本紀》）。

受到擁立的楚懷王下令讓劉邦進取關中。待劉邦攻克咸陽後，諸將領皆爭奪金、帛、財物，只有蕭何獨入府庫內尋找秦國各種內政資料，並接收了秦丞相、御史府所藏的各種律令、圖書，因而掌握了全國的山川險要、郡縣戶口和各地民情風俗。這些書籍與資料使劉邦對於天下的關塞險要、戶口多寡、強弱形勢、風俗民情等等都能瞭若指掌，對日後漢軍制定策略和取得楚漢戰爭勝利發揮重要作用。

漢朝建立後，劉邦以蕭何功勞最高，封為侯，位次第一，食邑八千戶。許多功臣見到蕭何受封第一，十分不開心，向劉邦抱怨道：「我們像狗像馬一樣地作戰，在戰場中出生入死，各個冒著性命危險，身上的傷疤愈來愈多。而蕭何就一個文弱書生，只拿著一支筆、動動嘴巴，大放厥詞就能夠論功高居第一，這是什麼道理！」劉邦說：「你們懂得什麼是狩獵嗎？知道獵犬是幹嘛用嗎？今天你們就好像負責追蹤獵物的獵狗，但是發現獵物所在位置，還指揮獵狗前去追殺的人則是蕭何。況且你們只是以一個人來追隨我，但蕭何是貼上全家親族來都為我賣命，我可不能忘記他的功勞。」群臣聽完劉邦的解釋後便再也沒有怨言了（以上見《史記・蕭相國世家》）。

◆掌握圖資、運籌帷幄

劉邦攻入咸陽，正當其他武將搶奪金銀珠寶、美女美酒時，只有蕭何注意到咸陽內府那些記載全國山川地理、物產民情的重要圖籍，並加以蒐羅保護。蕭何的智慧對治安工作啟發在於執法人員應如何善用所轄範圍內的地理、人情等資訊辦妥治安工作。

某日，桃園市警局因警力調度問題向保一總隊申請支援警力。保一總隊陳警員因深感在保一總隊，雖然可以學習到民眾陳情抗議活動的應對技巧，但對於社會所關心的重大刑案，以及民眾所在意的一般刑案，他深覺使不上力，似乎有愧警察職守。於是在桃園市警局行文保一總隊要求支援警力時，自願前往。

陳警員被分派到桃園市某派出後即仔細觀察所內的每個學長的案件偵辦技巧。譬如執行交通勤務時，一併取締交通違規；而取締交通違規，又順便盤查駕駛、騎士。利用隨身小電腦，查詢受盤查駕駛、騎士，例如他有毒品前科，往往可以從他身上或置物箱內破獲毒品、吸食完畢的殘渣袋或針頭。

某日陳警員與所內資深黃巡佐配合進行路邊攔查，他發現黃巡講話技巧十分高超，能讓被攔查的民眾高興的自動配合打開置物箱或後車箱，以利警方檢查。特別的是黃巡佐的觀察力十分敏銳。某日他觀察到黃巡佐帶兩名年輕妹妹回所偵辦，陳警員一時好奇，前去詢問帶回所裡偵辦的原因，黃巡佐故做神祕的說：「我在其中一位妹妹的口袋裡找到兩支吸管。」隨即不語。陳警員一時摸不著頭緒：「身上帶著吸管，這也算犯法嗎？」

後來在黃巡佐的循循善誘之下，兩名年輕妹妹承認吸食安非他命。原來黃巡佐在路邊盤查可疑車輛時，發現其中一輛機車後座的妹妹口袋內有吸管。可疑處之一在沒有人帶吸管逛街；可疑處之二在口袋裡的吸管經過裁剪，適合拿來吸毒；可疑處之三在於吸管已經被使用過，除了有口水浸濕的跡象，吸管裡也沾有像是毒品殘渣的粉末。就憑著對吸管的觀察，黃巡佐才將這兩名年輕妹妹帶回所內調查，也就以這兩支吸管移送他們，後續的驗尿報告也證實黃巡佐及兩名年輕妹妹的陳述無誤——尿液確實有吸食安非他命的反應。

除了黃巡佐，陳警員還把觀察重點放在范學長身上。范學長為了累積報考警察大學二技部的積分門檻，拼勁十足。范學長最常做的就是複查每天從轄內各投宿單位回傳的旅客名單。

法律小常識

根據《旅館業管理規則》第二十三條規定，旅館業應將每日住宿旅客資料依式登記，並以傳真、電子郵件或其他適當方式，送該管警察所或分駐（派出）所備查。前項旅客住宿資料登記格式及送達時間，依當地警察局或分局之規定。同法第二十七條更規定旅館業發現旅客有下列情形之一者，應即報請當地警察機關處理或為必要之處理：攜帶槍械或其他違禁物品者、施用毒品者、有自殺跡象或死亡者、在旅館內聚賭或深夜喧嘩，妨害公眾安寧者、未攜帶身分證明文件或拒絕住宿登記而強行住宿者、行為有公共危險之虞或其他犯罪嫌疑者。所以轄內所有的旅店住宿名單每天都會傳真到所內值班臺管制。

范學長先將所有旅客名單輸入系統查詢，看有無通緝或失蹤人口後，接著清查這些投宿旅客是否有毒品前科，所有名單全部過濾後，只要往有毒品前科的旅客住宿房間逐一臨檢，幾乎都能查獲毒品又或者是殘渣、吸食器。除了旅客名單，范學長對轄內街友常出沒的地方也瞭然於心，常會在巡查空檔繞過去盤查可疑街友。某天陳警員一進派出所，就發現整個所內瀰漫著臭味，定神一看，發現臭味的源頭來自被被銬在人犯區的街友身上。詢問之下，才發現這名街友原來是通緝犯；街友因為流浪在外，生活物資缺乏，很容易犯下「竊盜罪」。這名街友的竊盜案原本就是范學長處理的。因為街友居無定所，如果所犯案件被判刑確定，法院往往通知不到人，只好發布通緝，所以有案在身的街友，很容易成為通緝犯。

某天巡邏，范學長在路上巧遇該名街友，心血來潮，聊了幾句，發現他後來都沒出庭，第一時間研判他應該被通緝了；用隨身小電腦一查之後果不其然，於是將他帶回派出所歸案。後續幾天，范學長注意到街友中很多都不知道自己已經變成通緝犯的事實，便到他掌握中的幾個街友出沒處進行盤查，也順利帶回幾名遭通緝的街友。

警政小常識

警用隨身小電腦又稱「小神捕」，為警察巡邏勤務應勤裝備之一。早期體積較大，現在進化成有如智慧手機大小，就是警政署近年積極建構「警政雲端運算發展計畫」中的**M-Police**。透過連線，將警政十七項查詢系統全部整合在裡面，包括查捕逃犯、失蹤人口、逃逸外勞、中輟學生、治安顧慮人口、大陸人士行方不明、失竊汽機車等查詢功能，提供第一線執勤員警線上查詢，能有效提升治安維護效能。惟因其為警察機關財產，一般人不能申請使用。但民眾若有心共同打擊犯罪，乃能利用警政署網站「E化服務」功能進行初步查詢。

某天范學長放假，待命勤務的陳警員，發現當天各投宿處回傳的旅客名單沒人處理，便照著范學長的方法一一輸入系統確認，果然發現一名失蹤人口，便跟待會兒要一起巡邏的學長報告，巡邏時就順便前往該飯店，也順利尋得該名失蹤人口帶回處理。

除了訓練觀察力，持續注意旅客名單外，陳警員也勤於在外出巡邏時利用身上配備的小電腦查詢路邊的車輛是否報案失竊。持續查詢快一個月後總算查到一臺車輛。帶班同行的學長研判陳警員查詢到的失竊車輛才報失竊不到兩天，竊嫌應該還在使用，決定埋伏在車附近，等待契機。

一行人埋伏到三更半夜，突發現有一名體形瘦小的白髮老人，搖搖晃晃的往失竊車輛走過來，定神一看，那名小個子的老頭居然在大搬家——他正在把一輛廂型貨車內的成衣貨物，大方的轉移到失竊車輛上。陳警員沒想到勤用小電腦除了可以用來查失竊車輛外，當晚還歪打正著，逮捕了這名成衣大盜，一案雙破。後來查詢系統才知道，這名小老頭專偷夜市成衣攤商的存貨，再賤價轉賣給其他不知情的夜市成衣攤商，前科堆起來可比電話簿還高（以上案例改寫自陳建成，二〇一四）。

以上案例中，范學長、陳警員善用所轄範圍內的地理、人情等資訊，諸如過濾轄內回傳的投宿旅客名單與善用可連線警政系統的隨身小神捕小電腦，大大地提升了辦案積效。

朱博重義氣有肚量，以豪傑治盜匪

名臣生平

朱博（B.C.?-5），西漢大臣，杜陵（今陝西西安東）人。家貧，歷任小吏，伉俠好交。御史中丞陳咸下獄，他用計謀讓陳咸脫困，由是顯名。成帝時歷櫟陽、雲陽、平陵、長安縣令，皆得治理，累遷冀州與并州刺史、護漕都尉、琊邪太守，以高第入為左馮翊。所在決遣如神，網絡張設，敢於誅殺。後為廷尉，升後將軍、京兆尹、大司空，轉御史大夫。朱博彈劾丞相孔光，朱博繼任丞相，封陽鄉侯（參考自《漢代長安詞典》、《二十五史人名大辭典》上冊）。

名臣事跡

年輕時期的朱博很喜歡結交朋友，當時前將軍蕭望之子蕭育與御史大夫之子陳咸才華洋溢，朱博都與之結交，還成為好友。後來陳咸也在朝中擔任御史中丞，前途十分看好。沒想到有次陳咸與友人聚會，無意之間但洩露宮禁之內的機密，被問罪下獄。身為陳咸好友的朱博為了營救陳咸，辭去官職，偷偷摸摸潛到廷尉府中去刺探陳咸一案的案情。由於陳咸一直被獄卒拷打審問，傷勢十分嚴重。於是朱博化裝成大夫，假裝為陳咸治療，其實是當面向陳咸詢問案情。經過朱博多方奔走努力，陳咸死罪免除，還很快地出獄。朱博也因仗義為好友免去牢獄之災而聲名顯赫。

朱博是武官出身，原本並不熟悉文官行政事務。後來出任冀州刺史，巡行地方時，突然有數百名吏民攔轎伸冤，多出來的人還把刺史官府也擠滿了。主政的官吏請他暫且留在縣裡，等接見完這些投訴的人以後再繼續巡視地方的行程。其實這些人是地方官吏想測試朱博臨場反應所找來的，他們打算給這位新來的刺史一個下馬威。

朱博是個明白人，當下告訴隨從先到車駕外面控置場面，再走到車旁，對著要投訴的人，要主政官明白地告訴他們：凡是想控告縣丞、縣尉的人，刺吏不負責考察這種黃色綬印的官吏，你們必須各自到郡縣去控告；凡是想控告黑色綬印等級官吏的人，都到他們所管轄的處所去控告；凡是被官吏冤枉的人，被冤枉的事跟盜賊訴訟有關，就回到自己所屬的主政官吏那裡去伸冤。朱博停下車駕，在車旁進行裁決，原本車旁圍了四、五百人，一下子就迅速地散去。知情的吏民驚訝於朱博應變事情的能力如此強。後來朱博得知是一位老主政官教唆人民來騷擾他，就把這位官吏處死。

對內，朱博管理部屬十分寬容，像他手下有個人叫尚芳禁，年輕不懂事，私通了別人妻子，導致臉上有受刑的疤痕。可朱博並沒有因為他早期有前科而看他不起。因為尚芳禁具有查收受賄的好本事，朱博就安排他出任守尉。朱博的另一個手下叫曹功，曾經收賄，被朱博知道，但朱博也並沒有責罰他，只是要他認錯，改過自新。曹功感念朱博對他的包容，做事就越來越謹慎，最終也成為朱博得力的左右手。朱博不會因為手下曾犯過錯就罷用，反而把他們擺在最適合的位置，讓他們可以發揮所長。

對外，朱博治理地方，常讓屬縣任用地方的大戶跟豪傑仕紳，不論文人武士，都安排在適合的位置上。一但地方上有案件發生，朱博便責令這些地方大戶效命。剛好姑幕縣有八人結黨私鬥，怎麼都抓不到。各級官長互相推託責任。朱博於是下令要嚴懲失責人員。結果地方官吏很快地就抓到其中五人，沒多久，剩下在逃的三人也抓到了（以上見《漢書・薛宣、朱博傳》）。

◆利用有組織的角頭、幫派壓制地痞流氓

朱博做事帶人很有方法、很有原則：做事提綱挈領、帶人抓住關鍵。所以才能新官上任，面對下屬故意給的難題時很快把告狀的人群加以分流；他也能在有破案壓力的情況下，施壓地方豪強，運用他們的力量跟人脈，迅速逮到結黨私鬥的犯人。

在日本，黑道在社會中所扮演的角色，頗類朱博所協調用以破案、管理地方的豪強大戶，是被視為是一種協助維持社會秩序的角色而存在。日本警方深知信仰武士道的黑道深受道德規範並且願意遵守法律，如果強力予以取締，反而導致幫派犯罪潛入更陰暗之處，更難查緝。於是日本警方對黑道採取睜一隻眼閉一隻眼的態度。並在互有默契的情況下，讓他們代為管理地下社會秩序。

自江戶世代開始，日本黑道即從不務正業的小販和賭徒，演變成犯罪組織，並在日

本現代化過程中，深深地滲透各種經濟活動。民主時代，政治人物進行活動需要資金，藉此，日本黑道也與政治人物建立起密切關係，甚至代為執行政黨意志。如二戰後，日本黑道曾幫助執政的自民黨破壞工會組織及左派人士示威活動。

黑道除了遊走灰色地帶為集團賺錢外，也為一些政治人物及其政策執行來服務，當然更會視時機介入一些重大工程。如福島核電廠發生意外後，廢物清理工作即由日本黑幫包辦；二〇二〇年日本東京舉行奧運，日本黑道更早早在建築業跟娛樂業卡位。並列日本三大暴力集團的知名黑道，也效法大型企業，幫成員印製名片，有的甚至協助規劃成員退休後的生活。

在日本，黑道在社會中扮演著協調人的角色。黑道的交友圈是最廣的，不管是警察、媒體或政府，黑道都會想辦法保持良好關係，再從中尋找謀生之道。儘管有著諸多黑暗歷史，但是日本黑道的形象普遍良好，尤其在近在兩次日本大地震中更形塑了肩負社會責任的大企業形象。如一九九五年阪神大地震，某黑道積極地參與民間救援任務；福島地震，某黑道在第一時間，搶在政府之前，從東京和神戶向日本東北部災區的大小避難所運送了七十車的食物、水、毯子、盥洗用品等救援物資。所以整個日本社會包括政府，對黑社會的存在是默許的。日本黑道極少對普通的老百姓行使暴力，加上日本漫畫、電影美化了日本黑道，黑幫大哥在日本，更被視為是社會名流之一種（以上見《自由時報電子報》引用《經濟學人》資料，二〇一五）。

在日本，黑道協助維護社會秩序，在臺灣，民間則盛傳各大夜市都有黑道介入管理，名義上收取清潔費（保護費），實質上控制攤商種類與秩序。以臺北萬華夜市為例，周邊據說有三大黑幫勢力出面管理地下秩序。黑幫勢力在各夜市出人頭組成自治會，再由合法的自治會出面控制擺攤秩序和審核會員資格；審核的重點主要放在商品是否具同質性，此舉在避免讓同質性的商品放在一起，形成惡性競爭，造成夜市可逛度降低、觀光人潮流失。一般有管理制度存在的夜市，收費每個月大概五百元起跳，如果有固定攤棚或建築、公共廁所等，收費再往上墊高。若攤商間有糾紛，小事由攤商自行協調搞定；如果攤商自己無法處理，便會請自治會出面。要到自治會出面，那就算大事，一切自治會說了算，攤商不得有異議。

獄政管理方面，臺灣目前檯面下也有協調受刑大哥幫忙管理獄中小弟的做法。目前臺灣受刑人及管理人員人力比約在十四比一，雖然數據看起來還不糟，但扣除請假及輪休的人力，單一獄所假日管理人力不超過三十位，一個人可能要兼顧二至三個勤區；換句話說，一個人單獨面對兩、三百個受刑人是常態。如此懸殊的受刑與管理人力比，獄政人員值班時只能自求多福（《中時電子報》，二〇一五）。也因為獄政人員不足，於是產生出一種不能搬上檯面的做法——協調一樣受刑的大哥幫忙管理。

受刑的大哥要如何幫忙獄政管理？據說一般新進受刑人會依據他所屬的幫派，規劃到同個幫派的監舍，同性質的監舍即是一間「公司」。「公司」負責人即是監舍內輩份最高、最有影響力的大哥。不同「公司」要下的工廠、所服的勞務不一樣，主要在避免不同幫派接觸時發生衝突。「公司」負責人主要負責管理公司秩序、協調糾紛、分派工作、驗收成果等。這種檯面下的管理體系是很穩定的，除非有階級更高的同幫派大哥入獄，「公司」的負責人才會換人。也因為「公司」負責人協助獄政人員管理受刑人，幾乎等於行政助理，公司負責人自然也會有些面見、會客餐點、購買民生必需品等方面的優待。不過藉由受刑人的地下影響力推動獄政，終究是權宜之計，正本之道還是在補足國內獄政人員才是。

諸葛亮議三分天下，隆中對定乾坤

名臣生平

諸葛亮（A.D.181-234），三國蜀漢大臣，瑯邪陽都（今山東沂南南）人。官至丞相，封爵武鄉侯。當政期間勵精圖治，賞罰嚴明，推廣屯田，改善與西南各族的關係，並五次出兵攻魏，爭奪中原（參考自《中國歷代文獻精粹大典》下冊）。

名臣事跡

東漢建安六年，劉備為曹操所敗，只好投奔荊州劉表。同時，劉備還積極聯絡當地的豪傑。依附於劉表後，劉備屯兵於新野。待到司馬徽來與劉備會面，司馬徽言道：「那些個儒生都是見識淺陋的人，豈會瞭解當世局勢？能瞭解當世的事務局勢才算得上是俊傑。當世稱得上俊傑的，只有號稱臥龍的諸葛亮跟號稱鳳雛的龐統兩人。」（以上見《襄陽記》）

後來徐庶又向劉備推薦人才，又再一次提到諸葛亮，劉備當下表示希望徐庶引薦諸葛亮來見。但徐庶卻建議他：「這人可以去訪見他，但卻不可以令他屈就到此地。希望將軍宜屈尊以相訪。」劉備聽完便親自前往拜訪，去了三次才終於見到諸葛亮。

與諸葛亮見面後，劉備叫其他人迴避，便劈頭向諸葛亮問道：「當今漢室衰敗，奸臣假借皇帝的名義掌政，皇帝失去大權。我雖然沒有衡量自己的德行與能力，卻想以大義重新安定天下。可是自知自己的智謀不夠，所以常打敗仗，直至今日。但是我的熱情仍然沒有被澆熄，想請教先生有沒有建議可以指教我？」

諸葛亮聽了劉備的疑問，便分析起天下大勢：「自從董卓擅政以來，各地豪傑並起，占據州、郡的數不勝數。曹操初竄起時，與袁紹相比，聲望實低，但曹操最終卻打敗袁紹，究其原因，不僅依靠的天時，而且也是因為人為謀劃得當。現在曹操已擁有百萬大軍，挾天子以令諸侯，確實不能與他硬碰硬。而孫權占據江東，已經歷三世，江東地勢險要，民心歸附，孫吳又任用了有能力的人才，只可以把他當作外援，但是切不可想要謀奪他的地位。荊州北靠漢水、沔水，一直到南海的資源，這裡都能取得，東面和吳郡、會稽郡相接，西邊和巴郡、蜀郡相通，這裡是兵家必爭之地，但是荊州領主卻沒有能力守住它。益州地勢險要，有廣闊肥沃的土地，自然條件優越，漢高祖憑藉它建立了帝業。可是州牧劉璋卻昏庸懦弱，它的北面也有張魯占據著漢中。益州人民殷實富裕，物產豐富，劉璋卻不知道愛惜。有才之人都渴望得到賢明的君主領導，將軍您是漢室宗親，且聲望很高，天下聞名。您廣泛地羅致英雄，思慕賢才，如饑似渴，如果您能占據荊、益兩州，守住險要的地方，和西邊的各個民族交好，又能安撫南邊的少數民族，對外聯合孫權，對內革新政治。一旦天下形勢發生變化，馬上派一員上將率領荊州軍隊直入中原，將軍您自己再親率益州軍隊從秦川出擊，老百姓誰敢不用竹籃盛著飯食，用壺裝著酒來歡迎將軍您跟您的義師呢？如果真能做到這些，那麼稱霸的事業就可以成功，漢室天下就可以匡復了。」—（以上見《三國志・蜀書・諸葛亮傳》）

諸葛亮三分天下的言論，後世稱之為〈隆中對〉。劉備聽後力邀諸葛亮相助，於是諸葛亮便出山入幕。日後政局也果如其所預料，形成三國鼎立之勢。

◆維持非法集體之間的巧妙平衡

劉備三顧茅蘆，得聞諸葛亮提出的著名〈隆中對〉，後來政局也往三國鼎立之勢發展；本來漢末群雄並起，中國大亂，後來各自勢力望風歸隊，三國之勢一成，彼此互相牽制，一時間戰亂平息，百姓得到了喘息空間。

戰爭、政治局勢如此，治安管理亦然。專制時期，由於民智未開，社會環境單純，法治尚未建立，刑事司法單位與黑社會間，基於權力、交情、金錢、女色等利害因素，乃有彼此依賴生存之關係。平時為了控制犯罪，治安人員也多會利用流氓、地痞等不良分子或賭場、煙館、妓院等關係人物為眼線，或運用黑社會幫會組織，採取「以毒攻毒」方式，利用其矛盾與利害衝突，互相牽制，並從中掌握內線情報，以達到控制治安的目的（張維容，二〇〇四）。

以特種行業為例。由於特種行業規模大，利益多，自然想分一杯羹的人不少，糾紛自然接踵而至。警力有限，民力無窮，檯面下的秩序，必須依靠見不得光的勢力來維持。警方只要確保勢力間取得恐怖平衡，一般市民百姓就能安居樂業。

譬如在臺灣，據說臺北跟高雄的特種行業一般都由幫派直接下海經營。但中部很不一樣，係聘請各種不同背景的圍事來維持恐怖平衡。這是因為大臺中位於臺灣中部，是南北幫派最常邀約談判的地點，衝突自然多一點。本著「和氣生財」原則，大臺中的特種行業既不想得罪南來北往的道上兄弟，更不想吸引警方注意、動用臨檢來找麻煩，所以才決定將安全管理外包給各種圍事公司來負責。

聘圍事公司制衡道上兄弟，其實就是「以夷制夷」。以臺中幾間大型知名酒店、夜店為例，動物酒店跟X酒店和外省掛角頭關係密切，所以委由外省卦角頭來圍事。不屬於這個勢力範圍裡面的兄弟眼色都很好，在店裡消費既是循規蹈矩，更不會笨到想要插旗收費、逞兇鬥狠。因為有外省掛坐鎮，這些平常刀裡來槍裡去的道上兄弟就能安心地來店裡消費娛樂，自然讓動物酒店跟X酒店業績長紅。

而海邊酒店表面上委由保全公司處理，但這間保全公司背後有民意代表跟退休高階警官當顧問，影響力很大。雖然名為保全公司，但一遇到事情，也是直接將鐵門拉下來，讓幹部下去「各自處理」；道上兄弟知道保全公司背景很硬，惹不得，也就不會來生事。因為這間知名保全公司處理事情特別有效，後來事業愈做愈大。而生意太好的副作用就是底下有員工想要分點好處，甚至直接接手舊客戶，意欲另起爐灶。所以後來該保全公司就設計出「粗重活兒」直接外包給地方角頭處理的做法——公司裡的員工只是代表公司從旁協助，不直接參與「管（處理）理」；到了這個層級的做法，就與直接外包給地方角頭的動物酒店、X酒店沒什麼兩樣了。

羊祜用計麻痺敵人，買民心滅東吳

一 名臣生平

羊祜（A.D.221-278），西晉大臣，泰山南城（今山東費縣）人。博學能文，美鬚眉，善談論。仕魏為中書侍郎，官至相國從事中郎。入晉，因佐命之功，進號中軍將軍。後為征南大將軍，封南城侯。為滅吳屢獻良策，死後兩年平定孫吳（參考自《辭賦大辭典》）。

一 名臣事跡

西晉武帝泰始六年，吳國任命名將陸抗為荊州都督。陸抗到荊州後，觀察西晉動向，立即上疏給吳主孫皓，說明荊州形勢叫人憂心，還提醒孫皓不要盲目迷信長江天塹，應該認真備戰。西晉方面，羊祜知道陸抗到任後，一面加緊在荊州的軍事佈署，另一面向司馬炎密奏，建議伐吳戰爭必須利用長江上游的天然條件，在上游益州興辦水軍。

泰始八年八月，吳主孫皓解除西陵督步闡的職務。步闡因害怕被殺，拒絕返回建鄴，當年九月，反身獻城降晉。陸抗聞訊，立即派兵圍攻西陵。晉武帝命令羊祜和巴西監軍徐胤各自率軍分別攻打江陵和建平，從東西兩面分散陸抗的兵力，方便荊州刺史楊肇率兵直奔西陵救援步闡。但陸抗破壞了江陵以北的道路，五萬晉軍的糧秣不繼，再加上江陵城防禦工事堅固，易守難攻，羊祜屯兵城下，再也沒有進展。結果楊肇兵少糧缺，被陸抗擊敗，西陵陷入東吳手中，步闡也遭族誅。

好事者見戰情不利，參了羊祜一本：「羊祜率軍八萬多人，而吳軍不過三萬，羊祜在江陵按兵不前，使得賊兵得空備好攻守器具。只派楊肇偏師深入險地，兵少而糧草不繼，致使我軍失利。可見羊祜違背詔命，沒有大將節操，應免去官職，保留侯爵回府第閒居。」此役結果，羊祜被貶為平南將軍，楊肇則被貶為平民。

西陵救援失利後，羊祜明白吳國的國勢雖然衰退，但仍有一定的軍事實力，特別是荊州尚有陸抗這樣的優秀將領主持軍事，平吳戰爭不宜操之過急。於是他採取軍事蠶食和提倡信義的兩面策略，一方面積蓄實力，慢慢擴充勢力，另一方面佯裝怠於軍事，以痲痺對方，之後再尋找滅吳的適當時機。

鑑於歷史上孟獻子經營武牢而鄭人畏懼，晏弱築城東陽而萊子降服的經驗，羊祜揮兵挺進，占據了荊州以東的戰略要地，先後建立五座城池。並以此為依託，圈占肥沃土地，削弱吳國實力。而吳人來降，羊祜實施懷柔、攻心之計，都給予優待。在荊州邊界，羊祜對吳國的百姓與軍隊也都講究信義，每次和吳人交戰，羊祜都預先與對方商定交戰的時間，從不突襲。對於主張偷襲的部將，羊祜每每都用酒將他們灌醉，不許他們進言。曾有部下在邊界抓到吳軍兩位將領的孩子。羊祜知道後，馬上命令他們將孩子平安送回。後來，吳將夏詳、邵顗等前來歸降，那兩位少年的父親也率其部屬一起來降。羊祜追擊吳將陳尚、潘景並將之擊殺後，也嘉賞他們死節而厚禮殯殮。兩家子弟前來迎喪，羊祜更以禮送還。吳將鄧香進犯夏口，羊祜懸賞將他活捉，抓來後，又把他放回。

鄧香因感念羊祜不殺之恩，率其部屬歸降。羊祜的部隊行軍路過吳國邊境，收割田裡稻穀以充軍糧，但每次都依據收割數量，用等價的絹布償還給農民。打獵的時候，羊祜約束部下，不許超越邊界。如有禽獸先被吳國人所傷而後被晉兵獲得，他都送還對方。羊祜的這些作法叫吳人心悅誠服，不止不直呼他的姓名，還尊稱他為「羊公」。

對於羊祜所採取的作為，陸抗心中很清楚，所以他常告誡將士們說：「羊祜想要以德服人，若我們只用暴力侵奪，那就會不戰而敗。因此我們只需保衛邊界即可，千萬不要為了小利而爭奪騷擾晉界。」因此，很長的一段時間，晉、吳兩國的荊州邊境處於和平狀態。羊祜雖與陸抗對壘，但雙方常有使者往還。陸抗也極讚羊祜的德行和度量：「就算是樂毅、諸葛孔明重現，也比不過他呀！」

有一次陸抗生病，向羊祜求藥，羊祜馬上派人將藥送來，並說：「這是我最近自己配製的藥，還未服過，聽說您病了，馬上先送給您服用。」吳將怕其中有詐，勸陸抗別吃，但陸抗毫不遲疑，還說：「羊祜怎會用毒藥害人呢？」隨後將藥一飲而盡。吳主孫皓得知陸抗在邊境與羊祜的互動，很不能理解，派人加以斥責。陸抗卻回覆：「一鄉一鎮，尚不能不講信義，何況一個大國呢？如果我不講信義，正是宣揚了羊祜的德威，對他反而毫無損傷。」孫皓得知，無言以對。

後來羊祜病重，臨死之前，推舉杜預擔任鎮南將軍。杜預果真不負羊祜舉薦，奇襲西陵，在其後的滅吳戰爭中擔任西線統帥，計取江陵，招降交、廣。晉滅孫吳後，晉武帝感念羊祜，還流淚說：「此都是羊太傅的功勞呀！」（以上見《晉書・羊祜、杜預傳》）

◆示弱後趁歹徒不備以取之；以德服人

在西晉與吳國的鬥爭中，羊祜深知只要吳國大將陸抗存在的一天，西晉絕對無法併吞吳國。因此他採取懷柔策略，除了偃兵息鼓外，還優待吳國來降兵士、對吳國百姓講信修義，藉以獲得吳國民心。果然在他身後未久，西晉即順利滅吳。

在犯罪偵訊當中，警方亦往往施給小惠，讓疑犯或關係心存感激，或對家裡再無牽掛，從而詳細交待犯罪事實的。譬如二〇一四年，童男因涉嫌妨害自由罪、強盜罪等罪嫌，被潭子分駐所警方逮捕。但被查緝到案後，童男遲遲不肯承認犯案事實。但警方檢視所有證據，都指向童男為犯人無誤。最後警方巧妙打動童男的心理，使童男吐實，一一交待犯案細節。警方是怎麼讓童男老實交待案情的呢？

原來童嫌為了搶奪他人財務，事先預謀至各種商店分別購買水果刀、口罩、醫療用手套及膠帶等，作為強盜財物犯罪工具；工具購買齊全，童嫌即伺機尋找作案目標犯案。後來童嫌在路上看到被害人江女獨自一人行走偏僻處所，便持刀尾隨在後。等到四下無人，即以左手摀住被害人嘴巴，且以右手持預藏之水果刀抵住被害人脖子後，以言語恐嚇被害人將財物全部交出，同時揚言要對其不利，迫使被害人就範，並隨即洗劫被害人身上財物。

沒想到被害人江女心生畏懼，一時緊張，顧不得水果刀架在脖上，即大聲呼救，現場附近民眾聽到江女求救聲，即合力圍捕，童嫌被眾人困住，奔跑一段路後即發現自己無法走脫。很快的被趕到現場的潭子分駐所員警到場將其逮捕。由於童嫌逃亡過程丟棄犯案工具，其即在警方指示下帶領警方前往潭子國小內起出其所丟棄的作案工具。

沒想到童嫌一被帶回分駐所，即否認有搶奪的事實，僅承認自己的行為意在騷擾被害人江女，疑似想逃避罪刑較重之「搶奪罪」。嫌犯供稱：因為與老婆吵架，心情不好，出門喝酒，酒後亂性，才會到路上隨機找尋女子進行騷擾。承辦員警見童男不肯吐實，暫時不動聲色，讓童男繼續編派故事。

果然童嫌話匣子一開就講不完，言談中開始抱怨老婆施加其身的言語暴力，也提到他跟兒子都很怕有暴力傾向的老婆。此時承辦員警開始關心童男兒子，並表示非常同情童嫌的處境；警方的舉動讓童嫌感到非常溫暖。後來童嫌老婆與其兒子到所，童嫌見到老婆，竟然怕到全身發抖，可見他極怕被老婆責備。此時承辦員警見時機成熟，曉以大義，希望童嫌可以把愛兒子的心情也推及受害人江女，同時還決定給他留面子，在童嫌兒子到場探望時將童嫌手拷解開，並幫忙演戲，佯稱童嫌與警察伯伯有要事要處理，會晚點回家。警方提出配合演戲的同時，要求童嫌能老實交待搶奪的事實，以便代其向檢察官求情，讓法官能輕判，讓童嫌能早早回家，重享天倫。

果然警方動之以情，柔情攻勢大大打動了童嫌，童嫌感激之餘遂誠實交待犯案細節。全案順利移送（感謝中央警察大學二技八十四期黃俊嘉同學提供以上案例原始材料）。

又如二〇一五年，嘉義市政府警察局第一分局八掌派出所蘇副所長、林警員執行勤務時，在世賢路三段查獲蔡嫌非法持有第二級毒品安非他命二包，全案將蔡嫌依違反毒品防制條例移送偵辦。本案蘇副所長及林警員如何讓蔡嫌老實交待吸毒犯行呢？二〇一五年夏天某日，八掌所蘇副所長與林警員執行勤務時，在世賢路三段見路旁停著一部自小客車，車內駕駛一見警方，便急忙發動引擎欲離去。把握「見警即逃，非姦即盜」

原則，蘇副所長及林警員立即趨前盤查車內駕駛人，小客家駕駛蔡男見到警察，神色緊張，一直向員警稱有急事欲先離去，員警馬上提高警戒，並請蔡男下車接受盤查。待到他心不甘情不願下車後，員警見蔡男眼神空洞、精神萎靡，明顯有吸毒後的生理特徵。於是透過行動電腦查詢他的資料。經查蔡男有多項毒品刑案資料，於是動之以情，向蔡男勸說：「身體是自己的，不要再亂搞，不要再讓家人難過了。」在警方苦口婆心的關心蔡男的健康之下，蔡男沉思許久，最終主動交出身上所藏第二級毒品安非他命二小包，並向警方說：「我再也不會碰毒品了，我一定會戒掉！」表達遠離不法誘惑的決心。（「嘉義市政府」網站，二〇一五）

裴光庭主化敵為友，詩書史贈吐蕃

一 名臣生平

裴光庭（A.D.676-733），唐代、武周時期大臣，絳州聞喜（今山西聞喜東北）人。武則天時，累授太常丞。開元初，擢兵部郎中。開元十七年為中書侍郎、同平章事。尋進侍中，兼吏部尚書。嘗主選事，不論才智，循資用人，稱「循資格」（參考自《中國歷史大辭典》下卷）。

名臣事跡

唐玄宗開元十九年，吐蕃遣使入朝，並以唐朝出嫁吐蕃的金城公主名義，向唐朝求取《詩經》、《春秋》、《禮記》諸書。祕書正字于休烈知情後上疏反對：「東平王劉宇是漢成帝的親弟弟，他向朝廷求取《史記》、《諸子》，成帝尚且不給，更何況吐蕃是我大唐仇敵。若授以經典，使其知道用兵韜略，吐蕃變得更加狡詐，將對中國不利。」唐玄宗對於此事亦舉棋不定，便與裴光庭商議，裴光庭知情後回答道：「正因為吐蕃愚昧頑固，中國方要賜以詩書，讓他們受到教化。于休烈在書籍之中只看到權謀狡詐，卻沒有看到書裡頭的忠信禮義。」唐玄宗聽完覺得有理，便答應將典籍賞賜給吐蕃。

因為唐朝初年，吏部都以才能作為選拔官吏的標準，有才能的破格提拔，沒有才能的只能長期擔任低職小吏，甚至有的人取得用官資格二〇年之久也沒有得到任何官職。所以裴光庭拜相後，進獻《循資格》，提出選用各級官吏，以年資為擢用官吏的條件，不論有無才能，只要資歷滿後就可升官（以上見《資治通鑑》卷二一三）。

《循資格》對於各種官職的任職年限和晉級方式都有嚴格規定，不得逾越，只要不犯錯誤，都會有升無降。這讓因才能平庸而長期得不到升遷的官員不再抑悶，紛紛稱《循資格》為「聖書」（以上見《文獻通考》卷三十七）。

◆推行犯罪預防教育、輔導需高關懷族群

吐蕃來唐求書，其他大臣看到的是如果將中國經典贈給忽敵忽友的吐蕃，搞不好吐蕃會以其人之道還治其人之身。但裴光庭認為經典中不止有智謀，更有禮義教化，吐蕃讀之受到感化，反而能與中國化敵為友，更加親近大唐。另從裴光庭注意到不得升遷的官吏，也能發現他的懷柔政治性格。

運用教化，使敵對者順服於己，應用到警政上，常見各地基層警政機關提供教育輔導，將潛在的犯罪人口導向正途。最常見的作法就是針對家庭失能的行為偏差學童進行課後輔導。如嘉義縣警察局朴子分局東石分駐所黃所長於二〇一五年奉派擔任東石分駐

所長職務。先前長期服務於都會區的黃所長，初到位於濱海偏鄉的東石地區服務，發現相較之下，偏遠地區的教育資源比較貧乏，更遑論投入學童課後輔導的能量。

某次黃所長處理為民服務案件，發現東石國小六年級蔡姓學童，本身為單親家庭，家中另有三個兄弟姊妹，而擔任漁工父親平時忙於工作，阿公、阿嬤雖然年邁，也必須花費大量時間剖蚵貼補家用。因此家中三個大人都很難有時間精神照顧蔡家四個學童。因此在學校無課的假日期間，蔡童也只能在社區遊蕩，無所事事。黃所長知道學童的家庭功能失能，將導致他未來的偏差行為，更容易因此造成往後的少年犯罪問題，因此特別與東石國小莊校長聯繫，希望自己能為東石國小的弱勢學童提供課業輔導服務，經莊校長與蔡童家長溝通後，他們表示樂意蔡童利用每週六、日時間來派出所唸書，複習功課。到所內，再由黃所長以及勤餘有空的同仁們輪流協助蔡童完成課業。

除了課業輔導之外，所長與同仁們也針對蔡童已經有的偏差行為加以導正，還教他做人處事的道理，並灌輸正確的價值觀，避免他未來走上歪路。經過所長及同仁們的教誨後，蔡童也開始懂得利用課輔之餘，打掃派出所環境，回家還能主動幫阿公、阿嬤做家事，也變得更有禮貌。黃所長等人的付出，讓蔡童有了明顯且正向的轉變（以上見「警光警政新聞」，二〇一六）。

同樣也是偏鄉的屏東縣內埔鄉龍泉村，一樣教育資源不足，當地龍泉派出所利用八年的時間，進行「崇心起飛」計畫——曾所長說「崇心起飛」計畫中的「崇」字指的是附近的崇文國中，「心」就是從心開始、重新出發的意思。派出所特別請來屏東科技大學社工系學生，並提供派出所二樓作為課輔場地，由屏東科大學生為崇文國中的學童進行課業輔導。

屏東縣內埔鄉龍泉村居民大多以務農為生，有蠻多學童來自單親或隔代教養的弱勢家庭，因為較少大人關愛，不少學生放學後都在外面遊蕩。為了安頓這些孩子，龍泉派出所便與屏東科技大學社工系合作，由社工系的學生幫崇文國中學生進行一對一或一對二的課業輔導。頻率為每周三次，每次從晚上六點半到八點半。曾所長認為補習功課是其次，重要的是能讓這些下課後在外遊蕩的學童有事做，在派出內也能矯正孩子們的一些偏差行為。一個學期試行結束，果然參加課輔的學生也都變乖了。

曾所長指出，目前參加課輔的學生大約有二十多人，協助的屏東科大社工系學生也有二十人左右。曾所長指出，原本經流傳一句話：「南部出流氓、龍泉出槍仔」，這是因為當地教育為環境不好，孩子容易學壞。而且在以前，龍泉鄉也是內埔地區毒品人口最多的地方。但是「崇心計畫」開始後，原本不太搭理人的學童，現在看到警察伯伯都會主動打招呼，變得有禮貌了，還會主動拿起書來讀，甚至自動自發的擬定讀書計畫。；另一方面，「崇心計畫」也等於讓熱情的社工系大學生有實習的機會，等於是雙贏的做法（以上見《中時電子報》，二〇一三）。

彰化縣中寮派出所則是在協尋失蹤人口時瞭解到地方上三名女童的家庭問題，予以照顧引導正途。警方表示中寮派出所該轄有戶周姓人家，父母離異後，由年邁的老祖母兼代母職，隔代照養就讀國中、國小的三位孫女。但由於世代隔閡，祖孫溝通有問題，就讀國中的兩位孫女經常蹺課不回家，年邁的祖母只求助警察代為找尋下落。

中寮派出所鄒所長和莊警員獲報後，隨即前往失蹤女童的同學家找尋，並順利找到兩姊妹下落。其父亦趕來派出所，打算接回女兒。等到周父趕到派出所後，警方瞭解到周父經濟不佳，只能出遠門打零工，為人父的親職本分實在是心有餘力不足。鄒所長知情後，擔心這對偏鄉隔代教養姊妹在外遊蕩，萬一結交壞朋友，除了可能誤入歧途，生命也可能有危險，於是建議周父讓女兒們在下課後到分駐所寫作業，由警方協助代為管教。在派出所內寫作業的三姊妹不只由警方用心輔導，警方甚至代為料理晚餐。經過一個月的課後輔導後，姊妹們不僅生活恢復正常，到校出席情況也穩定下來。警方對偏鄉教育的付出更深受學校老師、家長還有地方士紳的肯定（以上見《中時電子報》，二〇一六）。

屏東縣新埤分駐所余警員，則是以基層員警的身分，花了十餘年的心力，免費為當地偏鄉學童開辦品格教育及課輔課程。余警員從警近三十年。約在十餘年前分派到高雄服務時，某日凌晨約五時，他逮捕了一名年約八十歲的小偷，由於對方年紀相當大，究竟為何原因要走險路，這引起了他的好奇心。於是余警員利用下班時間前去對方家訪查，想要瞭解他的家中狀況。原來這名八十歲的老翁果然是逼不得已，他的經濟狀況非常不好。余警員於是發起募款，加以協助，也連帶幫助其他地方上的弱勢家庭。

後來余警員調至屏東，在枋寮警分局服務時，發現有一個家庭因母親早逝、父親繫罪入獄，導致家中三位小孩因無人照顧而成為地方治安不定時炸彈的情況。這讓他興起想要為弱勢孩童辦理免費品格教育與課輔課程的想法，所以他成立了「屏東縣大願心意關懷協會」。

余警員除了利用自己的空閒時間輔導弱勢學童，進行課業輔導及品格教育外，更開設「家長班」，教導家長如何和孩子溝通、如何輔導孩子的課業。目前協會已輔導過近三百名學生，更有受到協會輔導的學生，長大後回到協會輔導其他學童。余警員原本回

饋地方的單純想法，形成意想不到的、更大的善的循環，更不用說早已大大改善了當地的治安。（以上見「聯合新聞網」，二〇一五）

陸贄以為瑕不掩瑜，寬恕方能得人

名臣生平

陸贄（A.D.754-805），唐代大臣，蘇州嘉興（今浙江嘉興）人。十八歲進士及第，德宗時為翰林學士，頗得重用，有「內相」之號。累遷中書侍郎、同平章事。後為裴延齡所讒，貶為忠州別駕。陸贄強調先禮後刑，主張寬簡刑制，反對法網嚴密（參考自《中國古代法學辭典》）。

一 名臣事跡

陸贄認為能否正確地使用人才是關係到國家存亡的大問題。要想使唐朝有所振作，不整頓吏治、廣開才路是得不到什麼成效的。而昏庸的唐德宗既不能求賢任能，又缺乏知人之明，還常常對臣下吹毛求疵。一旦官員犯錯，再不錄用，長此以往，這些遭到朝廷罷用的官員終成國家亂源。

針對唐德宗的用人弊病，陸贄曾上疏〈論朝官闕員及刺史等改轉倫序狀〉，指出國家能得人才之多寡，這和統治者的政治思想有很大關係，文章提到，像漢高祖大度能容，所以當時才有很多魁傑不羈之士跟隨他；漢宣帝精於課驗官吏能力，所以當時都能精準核知官吏的施政成績。

文章最後向唐德宗指出朝廷缺乏人才，原因有七：其一、人才之進用與否本應依據人才是否合適為準，但最後卻由推薦人才的宰相是否受到皇帝的寵信而定；其二、當權者太容易聽信讒言，所以人才不願為朝廷賣命；其三、當權者求全責備，標準太高，人才便不想進入政府；其四、對於有過錯的人，朝廷因痛恨太甚而不再復用，讓人才望之心冷；其五、朝廷考察官員的方法不對，只看表面，不看本質；其六、只根據一個人一言一事來決定重用與否，不是全面地考察一個人；其七，援引舊例來任用朝官闕員，有才幹的人才反而不得升遷。

為了能夠合理地使用人才、發現人才，提高吏治水準，陸贄也在文中花了很大工夫對吏治問題作全面的論述，在文章的最後，陸勢提出了「求才貴廣，考課貴精」的重要原則。所謂「求才貴廣」就是要求廣泛地選拔人才，使人各舉所知，不僅宰相可以推選官吏，而且臺省長官也可以薦舉賢能。只有廣開求才之路，使賢人自各地匯集而來，進入朝廷，各職司自然會找到適合的官員。

為了廣開才路，在陸贄的協助下，唐德宗又開策問賢良方正能直言敢諫科、策問博通墳典達於教化科、策問識洞韜略堪任將帥科，量才取士，招攬各種不同特長的人才，以滿足國家各方面的需要（以上詳見白壽彝，一九九九）。

◆臥底線民，深入虎穴捕虎子

陸贄身處唐德宗時期，最不能忍受的是唐德宗對朝廷文武百官的指指點點與吹毛求疵。他以為人沒有不犯錯的，如果因為犯了錯就罷用這些有才之士，並放歸民間，這些人積怨日深，終將成為國家的一大隱患。所以他上書〈論朝官闕員及刺史等改轉倫序狀〉，針對官員被過度要求以及沒有犯錯空間一事，向唐德宗力陳其弊害。

今日犯罪偵防，也採用讓官警戴罪立功的做法。臺灣北部曾經有利用現役員警進行臥底，探尋販毒集團活動細節，多次破獲其接貨與大型交易的案例。前去販毒集團臥底是一位風紀敗壞而遭到列管的基層員警，之所以被列管，在於他與犯罪集團走得太近，敵我不分。可是由於他帶回來的毒品交易情資非常準確，準確到轄區內誰在控制販賣一級、二級毒品，以及集團出海接貨坐的是什麼船，在哪個地點上岸等等，都跟刑事局內部監控的對象與情資完全吻合，於是引起長官的注意。

長官開出條件，決定一筆勾銷該名員警的風紀不良紀錄，未來也不用巡邏值班，直接以被開除的員警身分深入販毒集團。果然該名臥底員警不負眾望，因為反應機伶又懂得警方作業細節，深受大哥重用，在集團中扶搖直升，沒多久，竟然混到販毒集團大哥身旁的護法。

有了護法身分做掩護，臥底員警所提供的情資果真也協助警方破獲數件大宗的安非他命毒品案，查獲的毒品數量都是以公斤計。由於成果豐碩，警方決定繼續重用這名臥底員警。但幾次遭到破獲，損失慘重，販毒集團也開始懷疑其中是不是存在內鬼，而該名臥底員警則被暗中鎖定是清理門戶的對象之一。

為了抓出內鬼，集團大哥先放出交易的假消息，透露交易地點及數量，但只讓少數人知道，這少數人當然包括該名臥底。幸好警方跟臥底第一時間發現這次交易不太對勁。等到交易當天，警方只派出幾位看似正巧巡邏經過的制服員警前去查看，而不是動用大陣仗的荷槍實彈特警。雖然只查獲到幾公克的安非他命，但這也讓集團大哥更加懷疑自己的護法。

查到少量毒品的當天，販毒集團藉口開會，將臥底員警引來。臥底員警剛到場就先被砍了一刀，接著幫眾們把他載到五股山上的亂葬崗，恐嚇要活埋他。活埋他之前，幫眾先輪番開槍射向他腳下嚇嚇他，逼他承認自己就是臥底。但臥底員警抵死不從，集團大哥猶豫起自己是否懷疑錯人，最後才緊急將臥底員警送醫。

這名臥底在經驗九死一生後逐漸脫離販毒集團，並要求復職以躲避黑道的追殺。事後長官也確實幫他復職。但是他昔日太過深入販毒集團，長官也擔心他是集團派來反臥底的，所以只幫他安排無關痛癢的內勤工作，亦不敢重用他，最後讓這名臥底警察在朝九晚五穩定生活中退休（以上見「三立新聞網」，二〇一八）。

除了讓官警戴罪立功，今日犯罪偵防，也有遴選與應用線民進行治安工作的。不過一九九六至一九九七年間，運用線民查案的臺北市警局保安大隊陳小隊長，被控侵占查獲之毒品、槍枝及圖利線民等罪，經過四年纏訟，直至二〇〇二年四月二十六日，臺灣高等法院更一審才作出無罪之判決。該判決除了平反陳小隊長外，也間接認定其辦案手法應該可以採用；唯回顧該案，確實凸顯出當時法律規範和實務運作脫勾的問題。

法律小常識

二〇〇三年六月二十五日，臺灣公布《警察職權行使法》，同年十二月一日實施，這使日後警察機關行使各種干預性職權獲得明確的法律依據。該法第十二條規定第三人（俗稱線民）之運用、第十三條規定其運用之程序，並授權行政機關訂定第三人遴選、聯繫運用、訓練考核、資料評鑑及其他應遵行事項之辦法，以審慎篩選第三人，加強聯繫運用，並能有效考核。實務單位因以擬定《警察機關第三人遴用考核及資料評鑑辦法》以及《警察遴選第三人蒐集資料作業規定》。

其實在中國，運用線民蒐集對方或敵方內情之方式由來以久，春秋戰國時代，孫武《孫子兵法》十三篇，即以〈計〉篇為首，以〈用間〉結尾，顯然有其用心。「用間」兩字，若以今日犯罪偵防的角度來看，即是運用線民祕密蒐集對方情資。現今治安工作，實務上有所謂的特殊線民，指的是曾經涉入非法，但警方利用一定技巧手段將之吸收的人士。譬如妓院老鴇、受刑人（及觀護人）等。

由於老鴇成日在街頭上接觸不同階層的人，無論是正派人士或犯罪者，或者透由娼妓獲得犯罪消息。其與警方合作不外乎希望警方在辦理賣淫案件時予以放水，或是消滅競爭對手。有些可能基於強烈的復仇心理，希望利用警方在這方面提供協助。有些則基於炫耀與警方友好關係的心理。受刑人則是為了對付敵人、減少刑期或獲得其他利益而願意提供消息。運用受刑人所提供的資訊時應特別注意，因為其所提供的消息，可能不是受刑人親身接觸或發現，而是一些毫無用處或是無中生有的消息。（而觀護人每天都能得知已經發生的犯罪或正在實施的犯罪。罪犯每回報到時都把觀護人視為其自由之鑰，久而久之也有把觀護人當作密友的情況。所以觀護人在某種程度上受到犯罪者所信賴，因而能聽到許多祕辛。有意願與警方分享資訊的觀護人，在其當事人越獄時，亦會運用警方蒐集觀護對象之資訊。此外，與警方存在合作關係的觀護人也可能藉由彰顯其對當地警方的影響力，將恐懼灌輸其當事人，從而達到嚇阻其再次犯罪的作用。）

除了吸收曾涉非法的人士外，警方同時也可透過偵辦案件的過程中來遴選正在涉入非法的人士成為線民。譬如犯嫌所犯的罪行是法律上不構成犯罪的案件，像偵辦毒品案件，查獲涉及販毒的嫌犯，警方明知該案因未查獲買方，法律構成要件不成立，或是查獲事證之證據力薄弱，但仍以其涉案為由，勸誘嫌犯與警方合作，後續提供線報給警方，交換免責。以往實務上亦有「以小案換大案」的方式來吸收線民，警方對於嫌犯違法的小案件不辦，換取其供出他人不法的大案件，但此種做法有違警察職責，現已不用（以上關於線民制度的說明見張維容，二〇〇四）。

【代跋】貫穿古今與串連不同領域的「管理」及「策略」

中央警察大學通識教育中心副教授兼主任
王俊元

管理，是一個古老而又現代的詞彙。自從有人類社會以來，管理的工作與功能就不曾斷過；隨著時間的發展與當代學術的研究，管理亦已逐漸的成為一個專業的學科。法國行政管理學者費堯（H. Fayol）針對組織內部的活動進行研究，在二十世紀初期從企業中、高階層的視角出發，提出了管理的五項功能並被廣泛運用至今，被視為古典管理理論的創立者。這些功能包含了：計畫（plan）、組織（organize）、命令（command）、協調（coordination）、控制（control）（張潤書，二〇〇九）。組織管理工作首先依據計畫，亦即要完成事項的大綱、目標，以及相關事項的安排。其次，組織這項功能強調有效的專業化與分工原則，讓員工能夠高效率的來提高產能。再者，當領導者確定決策方向之後，中階幹部與基層員工只能接受直接上級的命令，以期能夠落實既定的方向與目標。然而，專業化的分工與命令服從經常讓不同單位出現本位主義而導致合作的困難，因此管理的另一個重要功能即展現在協調這個面向。最後，控制的功能旨在監測管理過程是否能確實完成目標，並期望能適時的提供回饋與改進。

在社會發展日趨複雜的情況下，管理的功能與意涵也被賦予更多元的樣貌。例如學者古立克和尤偉克（L. Gulick & L. Urwick）兩人提出經典的行政管理七字箴言POSDCORB，其中P是計畫（Planning）、O是組織（Organizing）、S是用人（Staffing）、D是指揮（Directing）、CO是協調（Coordinating）、R是報告（Reporting），最後B是預算（Budgeting）。自一九五〇年代起，被譽為現代管理學之父的彼得・杜拉克（P. Drucker）提出了許多嶄新與前瞻的管理思想，管理學也越來越蓬勃發展，許多的管理技術，諸如彼得・杜拉克所提倡的目標管理（Management by Objectives, MBO）、戴明博士（W. Deming）所倡議的全面品質管理（Total Quality Management, TQM）等，對當代的私人企業與公共組織皆帶來革命性的影響（齊若蘭譯，二〇〇二）。

然而，論者指出在全球化、科技發展、企業內部和外部顧客及公民需求急遽變化的環境下，組織的中、高階層對於管理的運用又需要提升到另一層次，也就是從策略性思考的角度來落實管理的工作。策略規劃與管理和傳統的中長程計畫最大的不同，即在於策略管理強調隨時因應環境的變遷來調整規劃與管理工作，另外也必須從整體及系統性的思考來落實管理工作。

曾任教育部長的吳思華教授在其《策略九說》（二〇〇〇）一書中，曾經指出策略扮演企業營運循環的核心位置，策略能夠建立競爭優勢、進而形成生存利基、吸引資源投入以及執行經營活動。從不同的層面切入，均能夠看到策略的影子。其提到九種不同的途徑作為思考策略的基礎，包含有「價值說」：例如近年來有計程車司機貼心的提供固定乘客飲用水、喉糖，甚至在車內安裝KTV設備，均是要做到差異化的服務。「效率說」：例如成衣加工廠大批採購原物料以降低單位成本，又像組織透過教育訓練，讓學習曲線效果發揮效果來獲得成本優勢。「資源說」：股神巴菲特曾提到，企業的聲譽（reputation）是他做決策時的關鍵點之一，企業可能需要花費數十年來建立聲譽，然而聲譽亦可能毀於一旦，不可不慎。巴菲特念茲在茲的聲譽，也就是組織無形的資源。

「結構說」：例如獨占市場的企業具有較高的獲利，過去公部門亦居於獨占或寡占的有利位置，通常具有較高影響力。「競局說」：強調合作與競爭的過程，例如在政治或是市場運作上，經常可以看到聯合次要敵人打擊主要敵人的做法。「統治說」：交易成本亦是組織營運的成本之一，例如資訊的蒐集、溝通協調的時間等，皆可能是交易成本的範圍。因此，建構與夥伴最適當的關係，是有效降低交易成本的方法。「互賴說」：現在的公共治理強調網絡的關係，例如縣市政府的聯合稽查小組，在執行任務時應該相互依賴、爭取共同資源、完成共同的目標。「風險說」：例如治安決策或管理者在執行酒駕勤務時，能夠事先有效辨識可能風險並採取相對應的作法。「生態說」：例如筆者在一九九〇年代在嘉義民雄讀書時，民雄車站前的鵝肉街逐漸發展起來，時至今日可以發現許多店家名稱非常類似，經營趨於同類型。

綜觀本書的三部，包含古時名臣與今日治安人員應該具備的素養、組織管理能力，以及解決問題時的智謀等，皆與運用策略性思維來落實管理有高度的相關。例如：三國名相諸葛亮著名的隆中對，藉由「價值說」的差異化分析，讓劉備瞭解他在當時天下情勢所扮演的關鍵角色與位置，而三國鼎立之勢，也猶如「競局說」所強調的對手與戰場選擇的策略，相當精采。其次，明朝宰相張居正裁冗員冗事，充分反映了「效率說」，亦即能夠有效率的創造組織的價值，有助於形成競爭優勢。此外，孔光、王商、華歆或尹繼善等名臣，在朝野中均有非常好的名聲，係為「資源說」裡面的無形資源。名聲可以帶來信任，當信任程度高的時候，在管理上當然就具有比較好的效能。相對的，蕭何進咸陽取圖書，掌握天下大事，則是「資源說」所指的有形資源有助於組織發展核心知識與能力。再者，名相李斯改封國為郡縣，助秦王集中權力，猶如《策略九說》中的「結構說」，獨占結構讓組織具有較佳的位置以確保獲利。又如，西漢名臣黃霸，精律法、有智謀，少異動、用老臣，也說明了「統治說」的精神，先用老臣降低可能的交接（易）成本。

簡而言之，本書在鄒濬智教授的主編、著之下，透過其豐厚的國學素養及史學底蘊，以觀今鑑古的方式讓讀者能夠掌握歷史名臣的經驗，並理解如何在當前的治理管理議題上有效落實。從知識管理的角度來看，鄒教授將歷史名臣的故事、資料吸收及分析於今人的案例，已將傳統文獻成功的轉化為外顯的知識，若讀者能夠領悟書中所言並應用於實際生活與管理之中，則已是昇華至智慧的層次無誤了。

此次有幸參與及協助本書的編著，非常感謝刑事警察局兩岸科蘇信雄股長以及中央警察大學八十四期二技班行政系俊生、志成、俊嘉、莅群等同學積極參與討論，並熱情提供警政治安及管理的實務經驗與案例資料。本書在鄒教授的帶領以及眾多人的努力與投入之下，將能為未來臺灣的警政治安與管理策略注入活水。

寫作參考資料說明

本書寫作所引用史料報導性資料來自：

1. 各種歷史大辭典內容，查詢自「中國工具書網絡出版總處」，http://cnki55.sris.com.tw/refbook/BasicSearch.aspx。
2. 二十五史與《資治通鑑》史料內容，查詢自「漢籍電子全文資料庫」，http://hanchi.ihp.sinica.edu.tw/ihpc/hanjiquery?@70^1573282428^90^^^../hanjimg/hanji.htm。
3. 《法言》、《貞觀政要》與《明實錄》，查詢自「中國哲學書電子化計劃」，https://ctext.org/wiki.pl?if=gb&res=891288。
4. 各判例，查詢自「司法院法學檢索系統」，https://www.judicial.gov.tw/lab3.asp。
5. 各種社會事件報導，查詢自各大電子報：《聯合報》，https://udn.com/news/index；《三立新聞》，https://www.setn.com；《蘋果新聞網》，https://tw.appledaily.com/；《中時電子報》，https://www.

chinatimes.com/newspapers/2601；《自由時報》，https://www.ltn.com.tw/；《風傳媒》，https://www.storm.mg/；《臺灣時報》，http://www.twtimes.com.tw/；《經濟日報》，https://money.udn.com/，其他電子報章不煩贅列，網址詳「世界各大電子報網址列表」，http://www.chaostec.com/worldnews.htm。

一　本書寫作所引用紙本資料來自（古籍在前，今人著作在後，按姓名筆劃排列）：

1. 東晉・習鑿齒《襄陽記》，北京：中華書局，二〇一八年。
2. 清・鄂爾泰等《大清世祖章皇帝實錄》，臺北：華聯出版社，一九六四年。
3. 中央研究院歷史語言研究所《明清史料甲編》，臺北：中央研究院歷史語言研究所歷史文物陳列館，一九七二年三月。
4. 白壽彝《中國通史》，上海：上海人民出版社，一九九九年三月。
5. 朱源葆〈警察角色、組織與執法型態〉，《警專學報》三卷一期，二〇〇一年六月。
6. 吳思華《策略九說》，臺北：臉譜出版，城邦文化發行，二〇〇〇年。
7. 林劭怡〈領導與制度公平性對人員滿足與組織信任影響之研究——以基層警察人員為例〉，《飛訊》四三期，二〇〇六年三月十日。
8. 林宗憲《警察機關Web 2.0世代新聞輿情處理現況研究——以網路新聞議題為中心》，桃園：中央警察大學行政警察研究所碩士論文，二〇一七年。
9. 林欣麗《我國警察人員陞遷制度之研究》，桃園：中央警察大學行政管理研究所碩士論文，二〇〇八年。
10. 林福財《中央與地方警察權限劃分之研究——兼論臺北縣改制警察人事權爭議》，桃園：中央警察大學行政警察研究所碩士論文，二〇一〇年。

11. 洪文玲〈警察法之定位與研修方向〉，「警政與警察法相關圓桌論壇（五）」，桃園：中央警察大學，二〇一八年五月二九日。

12. 洪正晟《圖利罪之研究——以警察圖利行為為中心》，桃園：中央警察大學刑事警察研究所碩士論文，二〇一八年。

13. 涂國卿《警察業務委外之探討》，桃園：中央警察大學行政警察研究所碩士論文，二〇〇三年。

14. 翁岳生〈論不確定法律概念與行政裁量之關係〉，收錄於《行政法與現代法治國家》，臺北：三民書局，一九七六年。

15. 張仁鴻《刑法圖利罪與行政裁量界限之研究》，桃園：中央警察大學法律學研究所碩士論文，二〇一五年。

16. 張永霖《彰化縣警察局分駐（派出）所所長領導風格與基層員警工作績效及工作滿意關聯性之研究》，臺中：公共政策所逢甲大學碩士論文，二〇〇九年。

17. 張維容《線民制度之研究》，桃園：中央警察大學行政警察研究所碩士論文，二〇〇四年。

18. 張潤書《行政學》，臺北：三民出版社，二〇〇九年。

19. 陳建成《刑事警察人員專業養成之自我敘說與反思》，桃園：中央警察大學刑事警察研究所碩士論文，二〇一四年。

20. 陳富城《老子無為與警察組織價值領導之研究》，桃園：中央警察大行政管理研究所碩士論文，二〇〇四年。

21. 傅國超《警察主管領導型態之研究——臺北縣警察局分駐（派出）所為例》，臺北：政治大學行政管理學程碩士論文，二〇〇六年八月。

22. 曾信超、蔣大成、王威程〈公部門組織部屬與主管間距離及溝通對信任影響之研究——以高雄市警察局為例〉，「中華民國品質學會第四三屆年會暨第一三屆全國品質管理研討會」論文。新竹：新竹教育大學、中華民國品質學會，二〇〇七年十一月十日。

23. 黃永孝《警察人員與特定對象接觸交往倫理與課責之研究》，桃園：中央警察大學警察政策研究所碩士論文，二〇一四年。

24. 黃炎東〈公共關係與警民聯防之研究——以日本警民聯防制度為例〉，《通識教育與警察學術研討會論文集》，桃園：中央警察大學通識中心，二〇〇六年五月三十日。

25. 解凱元《分駐（派出）所警察勤務規劃之研究》，桃園：中央警察大學警察政策研究所碩士論文，二〇一八年。

26. 鄒濬智〈秦漢雜家雙璧《呂覽》、《淮南子》管理思想要義與警察組織管理學說比觀合證〉，《警專論壇》二十一期，二〇一六年十二月。

27. 潘金葉《所長領導風格與基層員警工作投入之研究——以臺北市政府警察局派出所為例》，臺北：政治大學行政管理學程碩士論文，二〇〇八年一月。

28. 錢英華《警察機關派出所主管的家長式領導行為與員警風紀的關係——探討個體理想性的干擾作用》，桃園：元智大學管理研究所碩士論文，二〇〇六年。

29. 謝志敏《警察風紀課責之研究——以苗栗縣警察局為例》，桃園：中央警察大學行政警察研究所碩士論文，二〇〇四年。

30. 蘇保安《政府組織員額再造——以我國警察組織員額評鑑機制為例》，桃園：中央警察大學行政警察研究所碩士論文，二〇〇一年。

本書寫作所引用其他網路資料及文章來自（按姓名筆劃排列）：

1.「內政部警政署」，https://www.npa.gov.tw
2.「考選部」，https://wwwc.moex.gov.tw
3.「臺北市警察局」，https://police.gov.taipei/
4.「臺灣警察工作權益推動協會」，https://m.facebook.com/policeright.tw/posts
5.「嘉義市政府」，https://www.chiayi.gov.tw/
6.「臺東縣政府」，https://www.taitung.gov.tw/
7. 林世當〈警察首長應有的領導氣質〉，http://police.digitaler.net/pdf/regulation/reg074.pdf
8. 解筱文〈杜黃裳：不會用人的領導不是好領導〉，「Q博士」，https://www.pixpo.net/history/0FpESwQn.html，二〇一七年三月十日。
9. 編者〈共同正犯與從犯（幫助犯）〉，「聯晟法網」，https://www.rclaw.com.tw/post-274-8165，二〇〇八年九月十六日。
10. 蘇岱崙〈警察大人上學去〉，《Cheers雜誌》十五期，二〇〇一年，https://www.cheers.com.tw/article/article.action?id=5025596

Do科學15 PF0250

警察先生，就是這個人！
──從歷代名臣智慧看現代治安管理

編　　著／鄒濬智
助　　編／王俊元
責任編輯／徐佑驊
圖文排版／莊皓云
封面設計／蔡瑋筠

出版策劃／獨立作家
發 行 人／宋政坤
法律顧問／毛國樑　律師
製作發行／秀威資訊科技股份有限公司
地址：114 台北市內湖區瑞光路76巷65號1樓
電話：+886-2-2796-3638　傳真：+886-2-2796-1377
服務信箱：service@showwe.com.tw
展售門市／國家書店【松江門市】
地址：104 台北市中山區松江路209號1樓
電話：+886-2-2518-0207　傳真：+886-2-2518-0778
網路訂購／秀威網路書店：https://store.showwe.tw
國家網路書店：https://www.govbooks.com.tw

出版日期／2019年11月　BOD一版　**定價**／320元

|獨立|作家|
Independent Author
寫自己的故事，唱自己的歌

警察先生, 就是這個人! : 從歷代名臣智慧看現代治安管理 / 鄒濬智著. -- 一版. -- 臺北市 : 獨立作家, 2019.11
面 ;　公分. -- (Do科學 ; 15)
BOD版
ISBN 978-986-97800-3-2(平裝)

1. 警政 2. 個案研究 3. 中國

575.892　　108015453

國家圖書館出版品預行編目

讀者回函卡

感謝您購買本書，為提升服務品質，請填妥以下資料，將讀者回函卡直接寄回或傳真本公司，收到您的寶貴意見後，我們會收藏記錄及檢討，謝謝！

如您需要了解本公司最新出版書目、購書優惠或企劃活動，歡迎您上網查詢或下載相關資料：http:// www.showwe.com.tw

您購買的書名：________________________________

出生日期：_______年_______月_______日

學歷：□高中（含）以下　□大專　□研究所（含）以上

職業：□製造業　□金融業　□資訊業　□軍警　□傳播業　□自由業

　　　□服務業　□公務員　□教職　□學生　□家管　□其它_____

購書地點：□網路書店　□實體書店　□書展　□郵購　□贈閱　□其他

您從何得知本書的消息？

□網路書店　□實體書店　□網路搜尋　□電子報　□書訊　□雜誌

□傳播媒體　□親友推薦　□網站推薦　□部落格　□其他_______

您對本書的評價：（請填代號　1.非常滿意　2.滿意　3.尚可　4.再改進）

封面設計____　版面編排____　內容____　文／譯筆____　價格____

讀完書後您覺得：

□很有收穫　□有收穫　□收穫不多　□沒收穫

對我們的建議：________________________________

____

____

____

請貼
郵票

11466
台北市内湖區瑞光路 76 巷 65 號 1 樓
獨立作家讀者服務部 收

（請沿線對折寄回，謝謝！）

姓　　名：＿＿＿＿＿＿＿　年齡：＿＿＿＿　性別：□女　□男

郵遞區號：□□□□□

地　　址：＿＿＿＿＿＿＿＿＿＿＿＿＿＿＿＿＿＿

聯絡電話：(日) ＿＿＿＿＿＿＿＿＿＿ (夜) ＿＿＿＿＿＿＿＿＿＿

E-mail：＿＿＿＿＿＿＿＿＿＿＿＿＿＿＿＿＿＿